ポンド戦士
もちぽよ

※2021年某日、178分でジャスト63万円の利益（詳細は本文冒頭）

時給21万円※の「神・短期トレード」

鬼速FX

KADOKAWA

〔実録〕いつもの「ながらトレード」で178分ジャスト63万円の利益

　2021年1月20日20時35分。いつも通りスマホの相場チャートとPCに入れたFX専用ツール「MT4（メタトレーダー4）」のチャートを見ながらトレード実況をしていました。この日は滑り出しよく、**早々に10万4000円の利益。**右の画像のように、トレード状況をTwitterでアップするのが私のルーティンです。

10万**4000**円の
利益！

　国内口座では50～200万通貨、海外口座なら11～15lotでポジションを持ち取引します。

　FXトレードと言うと「モニターとにらめっこ」と思われがちだけど、私のやり方は違います。

　見張っていなければいけない状況なら見張るし、見張らなくていいなら見張りません。

・スキャルピング…ごくわずかな利益を短時間で狙う

・デイトレ…その日のうちにエントリーから決済まで済ませる

・スイング…数日～数週間のうちにエントリーから決済まで済ませる

　この3つの手法を相場状況によって使い分けるのが私のやり方です。

　今回は数時間をかけてデイトレでゆる～く利益を狙おうと思ったので、

見るのは要所要所だけ。

　トレードルームに３台のモニターを置いてありますが、トレードしつつその１台で暇つぶしをすることにしました。

　「陰謀論とか都市伝説っておもしろ〜い！」と半信半疑で言いつつ、最近のお気に入りワードで検索。たまたま目についた「東京地下秘密路線説」

を掘り下げることに決定！

　「現在、東京には東京メトロや都営地下鉄とは別に、政府が軍事用に作った非公表の路線があるのか〜。ヤバいな〜」とチャートそっちのけでのめりこむ。

もちぽよ流メイン指標３つ

　「もっとトレードに集中しろ！」

　そんな声も聞こえてきそうですが、私は基本的に面倒くさがり屋。トレードをする時に複雑な分析をしたり、多くのことは考えません。シンプルに勝

ちやすいパターンと状況を覚えておいて、それに沿って淡々と利益を狙っていきます。FXは所詮、稼ぐためのツールの1つ。なるべく時間をかけずストレスなく稼げたら、それがベストです。

私が基本的に見ているものは次の3つ。

「値動きの波」
「RCI」(相場の売られすぎ買われすぎを見るチャート)
「MACD」(相場の売られすぎ買われすぎや、方向性を見るチャート)

ローソク足は基本的なテクニカルチャートですが、もちぽよ流トレードではローソク足をほとんど見ません。値動きはすべて「波形」として捉えます。「MT4」であれば「ZigZag」というインジケーターで値動きを「波形」として見ることができます。GMOはZigZagのスマホ対応をしていないけど問題なし。長年やっていれば、自分の頭の中で値動きを「波形」として捉えられます。もちぽよ流トレードの特徴として、トレードする通貨ペアも絞っています。基本は「ポンド円」「ポンドドル」のみでトレード。他の通貨ペアでも稼ぐことはできますが、ポンドは値幅が大きくテクニカル指標の通りに動きやすい。つまり、短時間で大きな利益を狙うことができます。自らを「ポンド戦士」と名乗るくらい、私はポンド系の通貨が好きです。ただし、ポンドは値動きが激しい分、初心者の方は勝ちやすいパターンを理解してlot数をうまく調整しないと大ダメージになりやすいので要注意です。

トレード実況ポイント

実況でトレードした場面のチャートを見ていきますが、右ページのチャートはポンド円の1時間足です。

波形で捉えている値動きで大きく高値を更新してきました。その時RCIの短期〜長期の3本が上限に達していて、直近の高値のポイントと高値更新したポイントをMACDと合わせて見ていくと、MACDは高値を更新しておらずダイバージェンスが成立してきていました。

また、この日は直近の値動きの傾向として、日足で高値を更新すれば落ちやすい状況と考えていたので、その根拠もあって売りで入りました。

　「RCI？　MACD？　って何？」という初心者もご安心を！　本書でゼロから解説します。

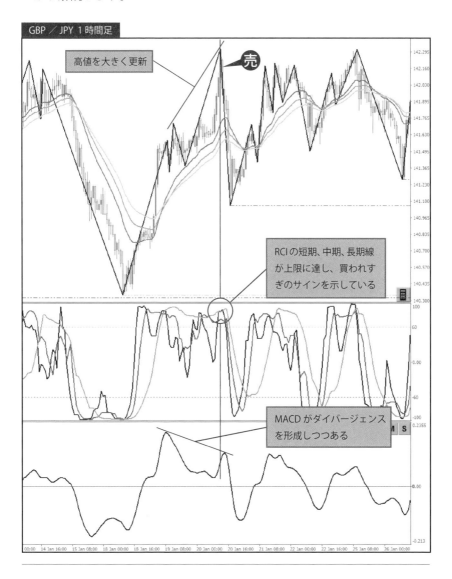

GBP／JPY 1時間足

高値を大きく更新

売

RCIの短期、中期、長期線が上限に達し、買われすぎのサインを示している

MACD がダイバージェンスを形成しつつある

19歳の時給＝900円→現在の最高時給＝21万円

　オシレーター的にもまだまだ落ちると想定していましたが、あらかじめ第一の利確目標にしていた高値のラインと、安値を切り上げていてきれい

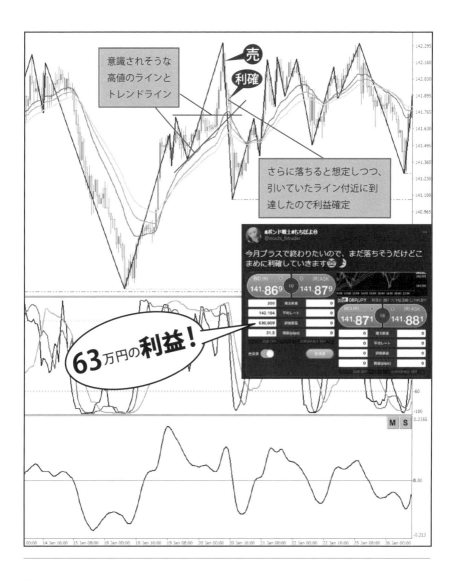

に引けたトレンドライン付近に到達してきたので欲張らずに利益確定しました。私は利益確定した後の値動きは気にしないようにしているので、そのトレード終了後にレートが約定方向に進んだとしても「やっぱり自分のパターンは信頼できる……」と画面をキャプチャーして満足しました(笑)。

この日の利益はTwitterにもアップした通り、ジャスト63万円。

時刻は23時33分、トレードを始めてからほぼ3時間。

180分で利益が63万円だから、時給にして21万円を稼いだことになります。19歳の時の私のアルバイト時給は900円だから、そのころに比べたら200倍超。鬼速の稼ぎ。でも油断は禁物！

都市伝説の検索も飽きてきたし、欲張ってマイナスになったら寝覚めが悪いから、いさぎよくトレードは終了。ハイボールと寿司で小さな祝杯を挙げつつ、「さて明日はどの都市伝説を調べよう」と眠りにつくのでした。

最初5年間の収支はマイナス40万円超

本書を手に取ってくださり、ありがとうございます。ほぼ専業でFXトレーダーをしているもちぽよと言います。

トレード歴は今年で10年のトレーダーです。だいたい1回のトレードでの稼ぎは10万円から80万円くらい。もちろん、**80万円稼ぐこともあれば、80万円失うこともあります。プラスになった時もマイナスになった時も、なるべく包み隠さずTwitterにアップするようにしています。**

それなりに生活に必要な分 + αはトレードで稼ぐようにしていますが、他の収入も含めてガッツリ税金で持っていかれるので「超お金持ち」と言えるほどではないのです……。

さて、「トレードで食べている」というと、だいたいこう返されます。

「それはあなたにトレードの才能があったからでしょ」と。

とんでもない話です。私にトレードの才能なんてありません。

私は19歳のころからトレードをしていましたが、勝てるようになったのはここ5年くらいの話です。つまり、最初の5年間はまったく勝てませんで

した。元手5万円でトレードをしては溶かすという経験を覚えているだけでも8回繰り返しました。「たかが数十万円の損じゃないか」などと思う方もいるでしょう。

　当時、渋谷の音楽スタジオで時給900円のアルバイトをして生計を立てていた私からすれば、「生活に必要なお金」だったのです。

　資金を溶かすたびに「トレードで生計を立てるなんて夢のまた夢なのか……」と絶望したのを覚えています。そんな典型的な負け犬トレーダーだった私がなぜ勝てるようになったのか？

　詳細は本書を読んでいただくとして、かいつまんで言うと、次の3つが重要だと思います。

　①稼ぎやすいポイントとそうでないポイントを見極められる
　　確率が高くなった
　②練習するようになった
　③トレードする時間が減った

1日最低5時間チャートを見て分析する日々

①マルチタイムフレーム分析

　当時は1分足だけを見てトレードしていたのだけれど、1時間足も見るようにしました。例えば1分足で「上昇相場だ」と判断してエントリーしたとしても、1時間足で見たら「下降相場」だった、ということはよくあること。

　マルチタイムフレーム（MTF）分析と呼ばれるものですが、一部分の把握と同時に全体の把握も行うことがトレードには必須です。

　木を見つつ、森も見るということですが、「状況」「流れ」「方向感」「パターン」を把握してからエントリーすることです。これができないと、資金はあっという間に相場の「養分」になります。

②過去検証と練習

　過去チャートを最低でも1日5時間は見て分析するようになりました。すると、値動きには「クセ」があり、「こう動いたら、次はこう動くかな」と

いう予測が働くようになったのです。

値動きのクセが分かると、「ならこのタイミングでエントリーして、ここで利益確定をすれば勝てるのでは？」という仮説も浮かびます。仮説が浮かんだら、あとは過去チャートで「本当にこの仮説で勝てるのか」と検証し、勝率やリスクリワードを計算してからトレードを行うようになりました。

③トレードする時間が減った

自分なりの勝ちパターンができると、トレードしない時間が増えました。**負けている時は、スキャルピングだけで1日20〜30回トレードをしていましたが、「ここぞ」という時にしかエントリーしなくなると、トレード回数も1日2〜3回に激減しました。**

FXをしているけれども稼げないトレーダーの方がいたら、この3つを実践してみてください。それだけで収支が劇的に改善していくでしょう。

初心者〜中級者が最短で稼げるようになる本

前置きが長くなりましたが、本書はFXに興味はあるけれども実際の売買はまだという「初心者」、始めているけれどもなかなか勝てない「中級者」に向けて書きました。取り立ててFXの才能もない私が、「トレードしては負け」を繰り返していた当時の自分に向けて書いた本。ですから、**これからトレードを始める方や「トレードの才能が自分にはない」と負けを繰り返しているトレーダーの方にはピッタリの本だと自負しています。**

才能やセンスがなくたって、検証と練習を繰り返して実践する。負けたら「なぜ負けたのか」を分析して、リトライする。これを繰り返せば、誰でも「FXを収入の柱の1つ」にすることは可能です。

もちろんあなたに**「1日5時間チャートを見ろ！」なんてヘビーなことは言いません。私がここまで築き上げた技術を公開しますので、読者の皆さんは、FXで稼ぐ技術をなるべく時間をかけずに身につけていきましょう。**

本書があなたのトレード人生を変える1冊になることを祈って、さっそく本編スタート！

もくじ

【チャートの基本編②】レンジ相場の基本戦略

第4章 もみ合いの特性を理解して「売買チャンス」を格段に広げる

【チャートの基本編③】オシレーター

第5章 もちぽよ流アレンジで「対応力」をアップする

第 **1** 章

【マインド編】

学校の勉強とは違う
FXの世界…勝つために
必要なものとは？

①FXは勉強というよりスポーツ

　「FX」というと、世界経済の勉強をしたり、たくさんの専門用語を覚えたり、また様々なトレードの手法を覚えたりと、複雑に感じられる方も多いかもしれません。正直な話、シンプルに「FXトレードをするだけ」だったら覚えることはそれほど多くはありません。初心者の方でも1週間もあれば十分覚えられるでしょう。

　FXトレードは学校の勉強とは違います。たくさん勉強すれば稼げるようになるというわけではないのです。必要最低限の知識と、人マネの手法でも、または独自の手法でも、まずは**「検証→練習」**し、いかに実践を積み重ねるかが大事なのです。本書で言う検証とは「トレード方法の振り返りや研究／ブラッシュアップ」という意味です。

　スポーツにたとえると、サッカーならまずボールを蹴り、野球ならボールを投げたりバットを振ってみる。これを続けながらルールやコツを覚え、それから練習試合をし、自信がついてきたら本番の試合に挑んでいくというのが基本的な手順でしょう。

　その中で失敗したところを振り返って修正したり、新しい技術を覚えつつ実践をし、またうまくできなければ繰り返し修正していきますよね。ルールブックを読みこなして、強いチームの勝ちパターンを丸暗記したからと言って、ろくに試合経験もないチームが経験豊富なチームに勝てるわけがありません。

　FXもまったく同じです。FXトレードは実際に動いているチャートが相手です。すなわち、その向こうには百戦錬磨のプロトレーダーが牙をむいて待ち構えていると思ってください。だからこそ、机上の理論より、動いているチャートを見ながら、実践を重ねるほうがより大事なのです。

　そしてうまくいかなかった時は、**「なぜうまくいかなかったのか」「何が足りなかったのか」を考えつつ修正していく**ことで、稼げるトレード方法が確立されていくのです。

　また、今まで長年FXをやっているのに稼げない、という方をたくさん

見てきました。どの方もたくさん勉強し、色々な知識と手法を持っていましたが、利益を出せていません。

　話を聞いてみると、**「検証→練習」を行っていないのが原因**でした。なんとなく勉強して、なんとなく手法を覚え、実際の資金でなんとなく毎日トレードをしているだけ。そして**負けたポイントや勝ったポイントをちゃんと振り返ることをせず、自分の使っている手法の良いところや悪いところも把握していなかった**のです。

　FXで勝てるようになるためには知識を詰め込むだけでなく、実践を積み重ねること。そして、ただ実践するだけではなく「検証→練習」を行うこと。これをしっかりと続けることが、自分自身の勝てるトレード方法の確立につながります。

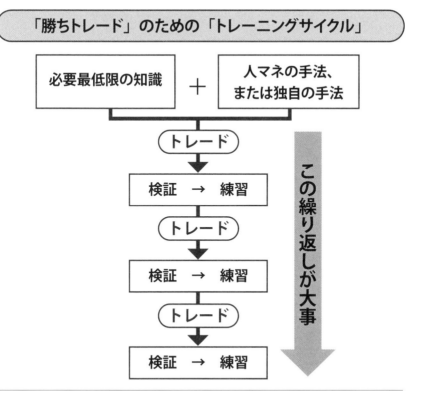

「勝ちトレード」のための「トレーニングサイクル」

必要最低限の知識 ＋ 人マネの手法、または独自の手法

トレード

検証 → 練習

トレード

検証 → 練習

トレード

検証 → 練習

この繰り返しが大事

②知識ばかりで「行動力」がなければ意味なし

　トレードは最初に「売り」か「買い」のボタンを押し、最後は「決済」のボタンを押して「利益を確定させる」か「損切りする」か、というシンプルなものです。予想をしたり、頭でどうなるか考えているだけでは資金は増えません。実際に手を動かして、チャンスが来たら売買しなければ利益を出すことはできません。このチャンスをうまく捉えるためには、いくつかの壁があり、それらをしっかり乗り越えられたトレーダーだけが、大きな利益をつかむことができるのです。

　FXで利益を出すためには、**知識を詰め込むだけではダメ**だとお伝えしました。しかしまったく知識がなくても良いというわけではありません。例えば「証拠金」や「レバレッジのルール」、そして「NY時間やロンドン時間の特徴」など、FX入門者用に書かれた本を1冊読む程度のことは最低限必要です。まずはこの**「知識の壁」**を乗り越えましょう。

　次は**「行動の壁」**です。実際にデモトレードなどで売買（行動）をしてFX相場がどう動いているのか、肌で感じることが大事です。すると、多くの方は利益を出すことだけに夢中になってしまい、前のページにも書いた**「検証→練習」（これも行動）**を忘れてしまうのではないでしょうか。あまりくどくどとは書きませんが、とても大事なことです。

　次の**「気づきの壁」**を乗り越えるのはそう簡単ではありません。気づきというのはトレードしていれば定期的に訪れるものではなく、真剣にトレードしていてはじめて「おや？」と感じるものです。

　例えば、「負けを取り戻そうとして、気持ちが熱くなった状態でエントリーすると9割方負ける」というメンタルに関わる**「気づき」**であったり、「あるテクニカルチャート（インジケーター）は、日足の信頼性は高いけど1分足では外すことが多い」というテクニカルに関する**「気づき」**など、人によって気づきの内容も違うでしょう。人それぞれの「クセ」や「勝ち方」を自覚することにつながるとても大切なプロセスです。

　次は**「技術の壁」**です。ここまで来るとトレーダーの個性も出てくるで

しょう。今まで勉強重視でやってきたトレーダーは、色々なことを考えすぎて、チャンスがきてもなかなか売買できなかったり、逆に色々な知識がありすぎて考えすぎた結果、余計な売買をしてしまうということもあるかもしれません。それはまだ自分自身の「勝ちパターン」いわば**「技術」**が確立していないからです。

　トレードは、**理論や手法を「知っている」だけでは勝てません**し、勝率100％で勝ち続けられる聖杯もありません。しかし、たくさんのトレード経験を通して自分自身のトレード方法の良いところや悪いところを把握し、**手法が機能しやすい状況**を実体験することで、この**「技術の壁」**を乗り越え、勝てるトレーダーになれるはずです。

　最後にこれらのことを面倒くさがらずに継続する**「習慣の壁」**があります。三日坊主にならないように**継続すること**が安定して勝てるトレーダーになるためには必要なことなのです。

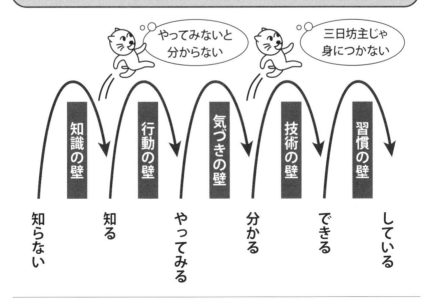

「知る」と「分かる」、「できる」と「している」の違い

やってみないと分からない

三日坊主じゃ身につかない

知識の壁

行動の壁

気づきの壁

技術の壁

習慣の壁

知らない

知る

やってみる

分かる

できる

している

③FXで稼げる人、4つの特徴

　今まで色々な方にトレードを教えたり話を聞いたりしてきました。そこで気づいたのは、上達して稼げるようになる人には共通した特徴があるということです。

　第1は、「**自分の頭で考えることができる人**」。

　トレードは、人から教わったりネットで調べたり、様々な学び方があります。情報を手に入れたら、あとは試行錯誤の上、自分用にカスタマイズしようとする姿勢が大事です。でなければ勝てるコツをつかむことはできません。人の手法をマネするだけで勝とうと考えている人は、あっという間にトレードで失敗し、資金を失ってしまいます。

　第2は、「**失敗を活かすことができる人**」。

　トレードは成功することも、失敗することもあります。

　「せっかく順調に利益が出ていたのに、損切りしているうちに資金が減ってしまった……」なんてことはよくあります。

　そんな時、「なんで失敗したんだろう」「何が問題だったんだろう」とチャートを振り返って反省し「次は同じ失敗をしないようにしよう」と、失敗を次に活かせる人は早く上達して稼げるようになる傾向があります。

　スポーツや仕事では当たり前のことかもしれませんが、FXとなるとこれができない人が意外と多いのです。「早く稼ぎたい」という気持ちが、色々なことを見えにくくさせてしまっているのかもしれません。

　第3は、「**情報（トレード方法など）を絞り込むことができる人**」。

　トレードで勝つ方法はネットなどにもたくさん出てきますが、なんでもかんでも学んで取り入れれば良いというものではありません。初心者の方に多いのは、「勝てそうな方法」をひたすら調べまくって、それをマネたトレードをして失敗する。そしてまた別の勝てそうな方法を探すと、それをマネた手法でまた失敗する、という「失敗の無限ループ」に陥ることです。最初はどの手法が自分に合っているのか分からないのは仕方ないかもしれません。しかし、1つか2つの手法に絞ってカスタマイズしながら実

践し続けられる人は、コツに気づきやすく上達も早いと感じました。もちろん、たくさんの情報を取り入れて最終的に取捨選択するのもありですが、かなり多くの時間とお金をかける覚悟が必要でしょう。

　最後は、**「好奇心が強い人」**です。

　これは先天的な部分もあるかもしれませんが、好奇心が強い人はトレードにかかわらず成功している人が多いと感じています。トレードでも、これでもかというぐらい、色々なパターンのチャートを事例として検証（トレード方法の振り返りや研究）し、自分自身のトレード方法を確立しているのです。こういう人は他人に頼ることなく、好奇心を持って自分自身で調べています。そしてどうしても分からないことが出てきた時だけ人に聞き、問題を解決しています。このタイプの人は、今までトレードを教えてきた人の中でも、圧倒的に早くコツをつかみ、勝てるようになっていくのを見てきました。

FXで勝てる人に共通する4つの特徴

自分の頭で考えることができる人

トレード手法は単に人マネではなく、
自分用にカスタマイズしよう

失敗を活かすことができる人

失敗は成長の糧。正しく分析して
これからのトレードに活かそう

情報（トレード方法など）を絞り込むことができる人

多くの情報に振り回されてはいけない。
1つの手法をじっくり検証してみよう

好奇心が強い人

問題をどこまでも細かく分析し、
自分で法則を組み立ててみよう

第1章のまとめ

相場で動いているのは言葉じゃない
お金そのもの！
だから、言葉だけを詰め込んでも
勝てるようにはならない。
お金の動きはチャートに表れ、
そこにすべての答えがある。
だからチャートを読み解く力をつける
ための練習が必要なのです

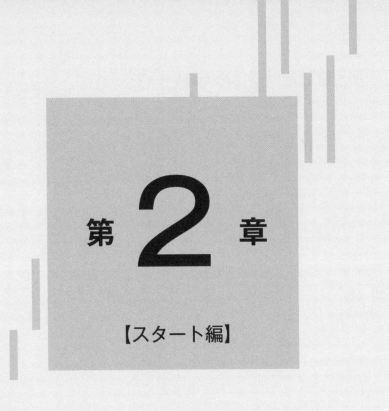

第2章

【スタート編】

FXの噂と真実
そして正しい始め方

①初心者は何から始めたらいい？

　この章からは、実際に FX に取り組んでいくための基本的な考え方を書いていきます。初心者の方は、最初から多くの知識を詰め込んだり、難しく考えたりする必要はありません。第 1 章でも説明したように、野球を覚えるためには、ボールを投げることから始めるように、FX ではまず「デモトレード」から始めます。

　スマホであれば、「GMO クリック証券」や「YJFX!」、「外為オンライン」、「M2J」、「FX ブロードネット」など国内にある多くの FX 会社で、すぐに無料でデモトレード用の口座を作ることができます。そして、デモ口座が開設されれば、すぐにでも仮想資金でトレードが始められるのです。例えば、GMO クリック証券でデモ口座を開設するためには、「GMO クリック FXneo デモ取引」と検索します。すると、右ページ上のような画面が表示されます。あとは画面の指示に従って必要事項を入力すれば、デモ取引が始められます。

　PC の場合は、私自身も愛用している「MT4」というチャートが無料で使える FX 会社がおすすめです。国内であれば「OANDA Japan」で口座開設をすると「MT4」を無料でダウンロードすることができます。「OANDA デモ口座」で検索すれば右ページ下のような画面が表示されますので、こちらも画面の指示に従って名前やメールアドレスなどを入力するだけで、簡単にデモ口座を開設することができます。

　チャートの見方や見慣れない用語などは、最初から全部覚える必要はありません。デモトレードをしながら必要に応じて、その都度調べるようにすれば早く覚えることができます。まずは売買注文を出してみましょう。

　その際、勝ち負けは気にしなくていいので、買ったり売ったりして注文画面やチャートの設定などに慣れながら徐々に、「テクニカルチャート（インジケーター）」の設定も覚えていくのがおすすめです。

　私がおすすめするチャートの設定に関しては、39 ページの「準備運動」で詳しく説明します。

無料デモ口座を開設する

GMOクリックFXneo デモ取引　検索

以下の内容を入力すれば、
口座開設の申し込みは完了

↓

ニックネーム

パスワード

メールアドレス

希望口座資金

（10万円から 9,999 万円の間）

※デモ口座有効期限は、登録日から1か月間

詳しくは次ページ参照

OANDA Japan　無料デモ口座の開設

OANDA デモ口座　検索

以下の内容を入力すれば、
口座開設の申し込みは完了

↓

氏名

性別

メールアドレス

電話番号

※デモ口座有効期限は、
　登録日から 30 日間

GMOクリック証券デモ口座の開設方法

口座開設の申請をする

① GMOクリック証券へアクセス

https://fx-demo.click-sec.com/neo/
demo-join/demoAccountInit.do/
にアクセスし、必要事項を入力したら
「確認画面へ」をクリックする。
（スマホからも申し込めます）

② 入力内容の確認

ステップ２の画面で内容を確認し、
問題なければ**「この内容で申し込む」**
ボタンを押す。

※ちなみに、口座残高はご自身が
　　実際に運用する予定の資金の額か、
　　100万円程度が良いかと思います。

③ 登録したメールアドレス宛にメールが届く

申し込みが完了すると、登録時のメールアドレス
宛に、**「【GMOクリック証券】FXネオ取引　登録完了
のお知らせ」**というメールが届くので、そこに
ユーザーIDと**パスワード**が記載されています。

次にトレードをするためのアプリ「GMO FXneo」を
ダウンロードし、そこに**ユーザーID**と**パスワード**を
入力してログインすると、トレードが開始できます。

GMO FXneo（スマホアプリ）を
ダウンロード

❶ 届いたメールを確認

GMOクリック証券から届いたメールに、
アプリのダウンロードリンクがありますので、
ページにアクセスします。また、PCからも
デモトレードは可能なので、その場合は
「（PCからのログインはこちら）」 のリンク
からご案内ページにアクセスしてください。

❷ GMO FXneo をダウンロードする

ページにアクセスすると、「GMOFXneoアプリ」
がダウンロードできるボタンがありますので、
スマホの機種に合わせてダウンロードして
ください。ダウンロード後にアプリを開けば
トレードが始められます。

②トレード時の基本的なポイント

　ここからはある程度FXの経験はあるけど、なかなか稼げないという人向けに重要なことを書いていきます。初心者の方も後々に重要になってくるので、今から頭に入れておくと良いでしょう。

　私が実際にトレードで稼ぐ時に重視している基本的なポイントは、

- **焦って毎日稼ごうとしない**
- **たくさんトレードすれば、その分だけ稼げると思わない**
- **チャートは縮小して広い視点で見る**
- **時間足に縛られない。常にマルチタイムフレーム※で見る**
- **自分が信頼できるパターンでのみトレードする**
- **自信のあるタイミングをひたすら待つ**
- **勝った時、負けた時の原因を振り返って記録に残す**
- **エントリー中の損益の額は無視する**
- **エントリーしたら逆指値（損切り）は入れておく**

　といった感じです。無意識レベルでやっていることもありますが、これらが基本的なポイントになります。

　とにかく重要なことは**「焦って稼ごうとしない」**こと。

　人によっては一日も早く稼がなければならないような事情があるのかもしれませんが、焦れば焦るほど下手なトレードになり、余計なトレードが増えて資金が減るだけです。これはほぼすべての人に当てはまると言っても過言ではありません。

　私が勝てるようになった重要なポイントはチャートの値動きを波形（ZigZag）で見つつ、オシレーター系の指標との組み合わせで、過去に利益確定しやすかったパターンや得意なパターンを頭に叩き込めるようになったこと。そしてそのパターンが相場に現れるのをじっくりと待てるようになったことです。そして、待っている間は基本的に余計なことはせず、

損益も気にしません。そのパターンが出現した時だけトレードするのです。この方法により、1か月間のトータルで利益を出し続けられるようになったのです。

　過去の相場の検証や練習については、第3章以降で詳しく説明します。

　知識を頭に入れるだけでは99％稼げるようにはなりません。実際に自分の目でチャートを見て、独自のトレード方法やパターンに「これだ！」と納得できるようになること。それがFXで稼げるようになるためのスタートになります。

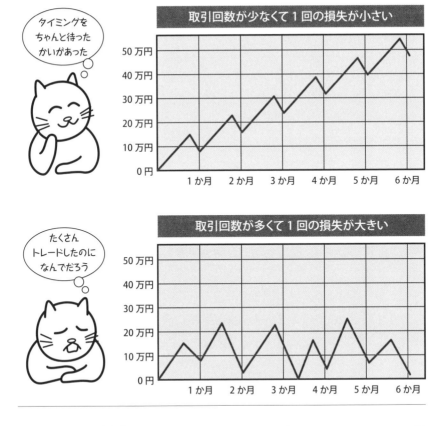

「勝ち組」と「負け組」の口座資産の推移

③「メンタルを鍛える」だけでは意味はない

　様々な本やネットの情報では、メンタルについて語っているものがたくさんあります。しかし、私の経験からはトレードに必要なメンタルは実践でしか鍛えられません。いくら本を読もうが、瞑想しようが、どれほど強く意識したところで変わらないでしょう。

　メンタルとは、技術が向上し経験値が増えていく中でいつの間にか鍛えられているものだと感じています。

　なので、メンタルを鍛えようとするならば、逆にメンタルのことを考えずにチャートと向き合うことが大事なのです。チャートを見て検証し、実践しながら自分の得意なパターンや利益の取りやすい状況が把握できてくれば、自ずとメンタルに左右されることは減ってくるはずです。

　少し別の見方をすると、メンタルが試される状況というのはどんな状況でしょうか？　レバレッジが25倍ギリギリ※になってしまい、強制決済されそうな状況で損切りするか、口座資金を増やすかの判断を迫られる？14日間上昇を続けて過去半年以内で最高値を更新中、そんな状況でさらにロングでエントリーするか、または逆張りで攻めるか決めなくてはいけない？　それは稼ぎやすいFXトレードではなく、「ギャンブル」に近いものでしょう。そんな状況なら、誰でもドキドキするでしょう。本来はドキドキしないトレードが望ましいのですが……。

　FXトレードでは、最初にエントリーする段階で損切りを入れておく。そして、いくらになったら利益を確定させるか決めておく。こういう基本的なことがしっかりできていれば心臓がドキドキするような状況にはならないはずです。

　とにかく「早くたくさん稼ぎたい、しかも楽して」という気持ちが、なんとなく楽そうに見える「メンタルを鍛える」という方向に向かわせているのかもしれません。それが今までたくさんのトレーダーを見てきて感じたことです。

　どんなに強いメンタルも技術という土台がなければ無意味です。

　※FXでは投資資金の25倍を限度とする取引ができます。この仕組みをレバレッジ（＝テコの原理）と言います。

逆に、技術さえあればトレードに必要なメンタルは後からついてきます。その上で、日々の体調や自分の感情のコントロールに集中すれば、万が一相場が急変した場合でも冷静に対処することができるでしょう。

メンタルかトレード技術か？

トレード方法が曖昧なので毎回メンタルが揺らいでしまう

検証と練習でトレード技術を向上させる

検証や練習の成果が出て、勝ちやすいパターンが把握でき、機械的にトレードができるようになってきた

④デモトレードで着実にステップアップ

　初心者、中級者を問わず、「デモトレードでは緊張感がないから意味がない」と思っている方がいるかもしれません。

　仮想資金でトレードするのは、メンタル的には本番と同じ練習にはならないかもしれません。それでもデモトレードには大事な意味があります。

　1つ目は初心者の方が「**チャートやトレードに慣れること**」、2つ目は「**トレード方法を確立すること**」です。

　初心者に多い失敗として、ロング（買）でエントリーしたつもりがショート（売）でエントリーしてしまったり、NZドル（ニュージーランドドル）を買うつもりが、国旗の似ている豪ドル（オーストラリアドル）を買ってしまったりという単純なミスを犯すことがあります。それは単にトレード画面の見方や使い方に慣れていないことが原因です。

　特に相場が激しく動いていると気持ちが焦ってしまい、1秒でも早くエントリーしようとして、考えられないような失敗をしてしまうことはよくあります。幸いどのFX会社も**デモトレードの画面は本番と同じ画面を使っている**ことがほとんどなので、練習によってこうしたミスは回避できます。

　もちろん慣れている方には改めて言うまでもないと思いますが、事情があって別のFX会社に新しく口座を開設するという場合も、その会社のデモ画面で使い方に慣れておくことはとても有益でしょう。

　トレードで失敗する方の多くは、とにかく早く稼ごうとしたり損を取り返そうとしたりして、自分のトレード方法が確立されていないにもかかわらず、なんとなくネットなどで知った手法を使ってトレードしてしまいがちです。すると、その手法の良い点や悪い点、機能しやすい状況などを理解しないままトレードしてしまうことになります。そして、少しでもイレギュラーなことが起きると対処できなくなり、勘に頼ったトレードが増えて、結果的に資金を減らしてしまうのです。

　独自のトレード方法を確立しようとしても、実際の資金でトレードしていると、余計な感情や欲望に邪魔されてしまいます。仮想資金なら感情に

左右されず機械的にトレードでき、勝ったところ、負けたところを冷静に振り返ることができるでしょう。

　ここでたっぷりと時間を掛けて自分のトレードを振り返り、「検証→練習」を繰り返し、独自のトレード方法を確立させることが大事です。

　「そんなことをやっているより、本番でさっさと儲けたい」という焦った気持ちでトレードしても、利益が出せるようになるまでにはかえって時間が掛かり、遠回りになってしまうでしょう。

　ただ、減っても問題ない余裕資金があって、どうしても本番さながらの練習をしたいという人がいれば、少額の資金や小さい lot で練習するのもありだと思います！

習得の流れ

トレード方法を知る ➡ 過去チャートで検証する ➡

こういうトレード手法があるんだ……

こういう相場状況なら勝ちやすいのね〜！

➡ デモトレードをする ➡ 理解して身につく

実際に動いているチャートでルール通りにやってみよう

買い！

おっ、儲かった！

ここはうまくいった

⑤チャートパターンの落とし穴

　チャートパターンといえば、ダブルトップや三尊天井^{さんぞんてんじょう}、またはペナントなど、色々あります。おそらく初心者もよくご存じだと思います。しかし実際にトレードでチャートパターンのセオリー通りに売買しても利益が出るとは限りません。もしまだ試したことがないという方がいたら、デモトレードで試してみるとよく分かるでしょう。だからといって、チャートパターンが意味の無いものだということではありません。

　右ページ上図は5分足の値動きを示した概念図ですが、ダブルトップが完成した後、ネックラインを割り込んだので売り注文を入れました。ところが、しばらくすると反転して上昇に転じてしまいました。

　一方、右ページ下図を見ると分かるように、5分足の上位足にあたる1時間足を見ると、上昇トレンドが継続している最中であることが分かります。これをチェックしていれば売り注文は入れなかったはずです。

　このように1つの時間足だけを見て売買判断をするのは非常に危険です。**「複数の時間足の状況を見ながら」パターンを当てはめた上で、後述する「他にも根拠がないか探す作業」が重要になります**。これについては第6章【チャートの基本編④】で、さらに詳しく解説します。

　さてもう一度右図に戻りますが、1時間足では「上昇だから買い」で本当にいいのでしょうか？　1時間足のさらに上位足にあたる日足では下降トレンドになっているかもしれません。ではどこまで見ればいいのでしょうか？

　それを決めるのは、**エントリーから決済までの時間**によります。極端な例としては右ページ上図の5分足チャートで売り注文を入れた後、上昇に転じる前に買いの決済注文を入れれば利益は出たわけです。ほんの数pipsの利益にしかなりませんが、スキャルピングであればそれもトレード手法として間違いではありません。もっとも、スキャルピングといえども、1時間足の上昇トレンドの中で押し目を探すほうが稼ぎやすいので、やはり複数の時間足チャートを確認する必要はあるのです。

5分足と1時間足では、トレンドが違って見える

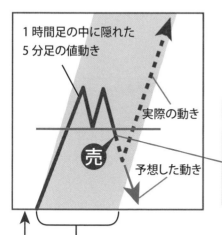

1時間足の中に隠れた
5分足の値動き

実際の動き

売

予想した動き

短い時間足で天井に見えたり
ダブルトップなどに見えても
上位足ではまだまだ上がりやすい
状況だったりする

5分足ではダブルトップの
ネックラインを割り込んだので
売り注文を入れたところ、
しばらくすると予想が外れ、
上昇に転じてしまった

―― 下図の1時間足では上昇している

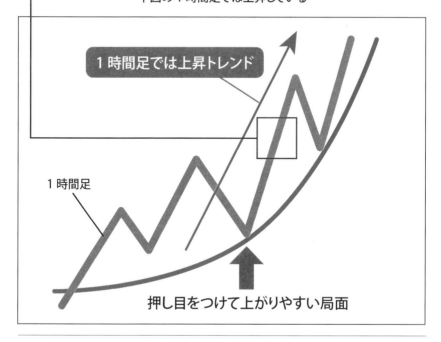

1時間足では上昇トレンド

1時間足

押し目をつけて上がりやすい局面

⑥トレード方法は「図形」で覚える

　前のページで、チャートパターンを丸暗記するだけでは稼げるようにならないと言いました。しかし、複数の時間足の状況を見た上で他のテクニカルチャートのサインも利益の取りやすいパターンであれば、迷わず売買注文を出します。

　さて第1章で、重要なこととしてお伝えした**「検証→練習」**とは、このようにエントリーした状況や、決済注文を出した状況を振り返ることです。しかし、これを言葉で表現するのは簡単ではありませんし、時間も掛かります。

　そこで私が実践しているのは「チャートをキャプチャーしておく」ことです。初心者にも中級者にも同様におすすめします。

　方法は簡単です。PCなら無料で画面をキャプチャーできるソフト「Bandicam」や「Snipping Tool」を使い、スマホであれば簡単に画面のスクリーンショットが撮れるのはご存じの通りです。

　そして、これはデモでもリアルでも同じように画像を残します。さらには売買しなかったけれど、チャートを見て気がついたことなども併せて画像を残すようにします。例えば次のような場合です。

- **・自分の手法が有効だった場面**
- **・勝った状況や負けた状況**
- **・上位足がトレンドやレンジの時の下位足の動き**
- **・相場に関して何でも気づいたことがあった時**

　などです。そしてこの画像にメモなどを直接書き込んで、あとで振り返るのです。

　作業の簡単なところがいいし、それを数か月続けていくと、だんだん勝ちやすい状況と負けやすい状況が体にしみついてきます。すると次第に負けトレードが減り、勝ちトレードが増えてくるのです。

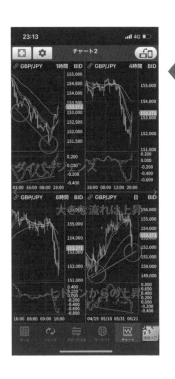

スマホでもPCでも気になったチャートをキャプチャー（スクリーンショット）し、実際にトレードしてうまくいったポイントや失敗したポイントをメモして残します。

うまくいった理由、失敗した理由は直接チャート上にメモします。

内容は自分が理解できれば良いので、正しい書き方はありません。直感的に分かりやすい書き方をするといいでしょう

キャプチャーしたチャート画像は、日付毎→月毎にフォルダやアルバムにまとめておくと後々振り返りやすくなるので、おすすめです

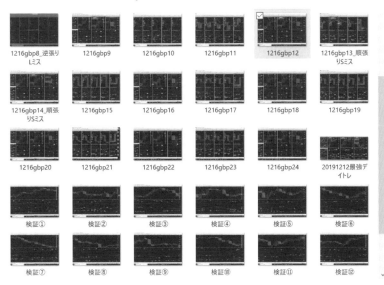

第2章のまとめ

正しい情報に基づいて
必要な準備をしておこう。
意味のないメンタルトレーニングより
効果的な練習方法を覚え
これを実践して自分の財産として蓄積し、
本番のトレードで活かすこと

準備運動

ささいだけど、大きく差の付く
チャートの設定方法

①移動平均線（MA）の設定について

　星の数ほどあるテクニカルチャートの中でも最も利用者が多いのがトレンド系チャートの移動平均線ではないでしょうか。MA（エム・エー／Moving Average）とも呼ばれ、仕組みはとてもシンプルです。対象期間（○日足の○にあたる日数）の過去の終値を平均化した値がその時の数値になります。例えば過去4日間の終値が110円、120円、130円、140円で、今日130円だった場合（（110＋120＋130＋140）／4＝125円）となり、今日の過去4日間の移動平均値は125円となります。これは日足だけでなく、時間足でも分足でも、なんにでも使えます。

　このMAには単純に過去の終値だけを平均した単純移動平均線（SMA）の他に、加重移動平均線（WMA）と、もちぽよ流で使っている指数平滑

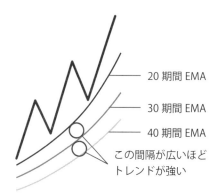

上昇トレンドの特徴

20 期間 EMA
30 期間 EMA
40 期間 EMA
この間隔が広いほど
トレンドが強い

●移動平均線が上向きでレートが上に
　あること
●角度が上向きになっているほど上昇
　の勢いが強い
●3本の線の間隔が空いているほど
　上昇の勢いが強い

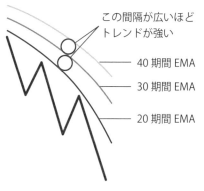

下降トレンドの特徴

この間隔が広いほど
トレンドが強い
40 期間 EMA
30 期間 EMA
20 期間 EMA

●移動平均線が下向きでレートが下に
　あること
●角度が下向きになっているほど下降
　の勢いが強い
●3本の線の間隔が空いているほど
　下降の勢いが強い

移動平均線（EMA）があります。これらの違いについてはネットでも検索できるので詳しい説明は省略しますが、一言で言うと EMA は SMA に比べてトレンド転換後の反応がシャープに出るのが特徴です。そしてもちぽよ流の EMA の設定は短期線＝ 20、中期線＝ 30、長期線＝ 40 の 3 本で構成されています。その特徴は左ページ下の図にまとめた通りです。

　私のトレード方法では、**トレンドやレンジの判断、押し目や戻しのタイミングを計る**のに EMA がとても役立ちます。下の図にあるように **A** の部分では EMA を見てもトレンドのサインが出ていません。真ん中の **B** の相場は EMA が右肩上がりで EMA の 3 本の線の間隔も空いていて、上昇トレンドであることがよく分かります。さらに一時的に EMA が狭まっている部分があり、そこは押し目になっていることも分かります。一方 **C** の相場には方向感がないことが EMA を見ても明らかです。

　トレードに向かう段階ではスキャルピングかスイングかは決めず、EMA のカタチが明確になっている時間足を選んでエントリーを狙うのがもちぽよ流です。短期か長期かはその時の相場次第というわけです。

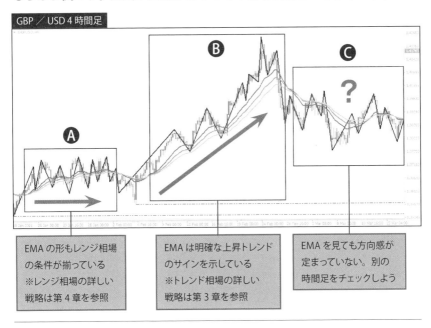

GBP ／ USD 4 時間足

EMA の形もレンジ相場
の条件が揃っている
※レンジ相場の詳しい
戦略は第 4 章を参照

EMA は明確な上昇トレンド
のサインを示している
※トレンド相場の詳しい
戦略は第 3 章を参照

EMA を見ても方向感が
定まっていない。別の
時間足をチェックしよう

②MACDの設定について

　MACDも移動平均線と同じくらい人気のあるテクニカルチャートで、一般的には「マックディー」と発音されています。テクニカルチャートには相場の方向性を示す「トレンド系」と相場の売られすぎ、買われすぎを示す「オシレーター系」があります。このMACDはその両方の意味合いを持ち、人によって意見が分かれますが、もちぽよ流では、MACDは主に「ダイバージェンス」「ヒドゥンダイバージェンス」を確認するために使用しており、どちらでも構いません。

　なお、設定方法ですが、一般的な設定値は（12・26・9）となっていますが、**私の場合（6・13・4）という、ほぼ半分の数値に設定したMACDを使用**しています。下図を見ての通り、一般的なMACDの設定よりも実際の値動きに近い動きになり、ダイバージェンスなどの形が現れやすくなることと、過去の検証によってRCIとの相性の良いことも分かりました。

　実際のチャートで見てみましょう。右ページのチャートはGBP／USDの4時間足チャートです。相場が大きく下がったところで安値Bは安値

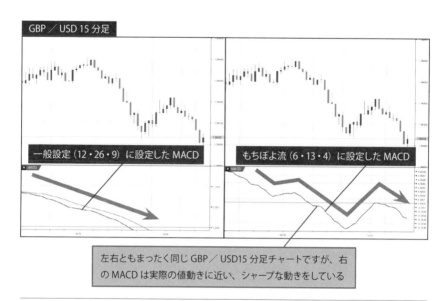

GBP／USD 15分足

一般設定（12・26・9）に設定したMACD

もちぽよ流（6・13・4）に設定したMACD

左右ともまったく同じGBP／USD15分足チャートですが、右のMACDは実際の値動きに近い、シャープな動きをしている

A を下抜けましたが、MACD では値を上げたことによりトレンド転換のサインである「ダイバージェンス」を形成しつつあることが分かります。

このように MACD ではトレンド転換となるダイバージェンスやトレンド継続のサインとなる「ヒドゥンダイバージェンス」などのサインが分かりやすく表示されます。さらに詳しい見方は第5章「オシレーター」で説明します。

また上昇トレンドで現れる押し目や、下降トレンドで現れる戻しなどのポイントでは、下位の時間足で MACD のサインが出ていないか確認してエントリーチャンスを拡大させるのです。これは「MTF 分析」という手法になりますが、詳しくは第6章にて説明します。

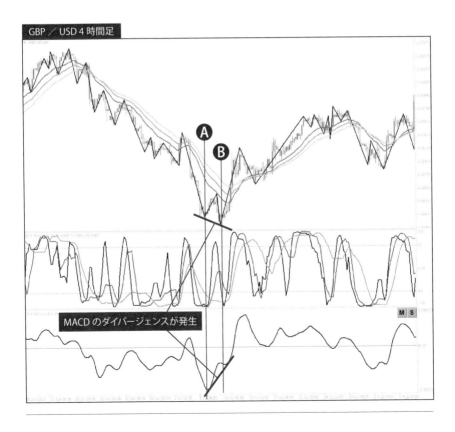

③RCIの設定について

　エントリーを狙う上で、私が最も重視しているのが、買われすぎ売られすぎの指標でもある「RCI」です。これも人によって設定は異なりますが、私は短期線＝9、中期線＝14、長期線＝26という値にしています。一般的には短期線＝9、中期線＝26、長期線＝52に設定することが多いと思いますが、下図をご覧ください。左が一般的な設定で、右がもちぽよ流の設定です。お気づきのように、もちぽよ流では特に**中期線がシャープに反応している**ことが分かると思います。また、RCIはトレンドが継続すると上下に張り付いてしまう傾向がありますが、**長期線も短めに設定することで反応がシャープに出るようになります。**

　もう1つ一般的な設定と違うのがハイラインとローラインです。これは「上限」「下限」の目安をどこに設定するかということです。RCIはトレンドが継続すると上限下限に張り付きますが、売られすぎ、買われすぎの

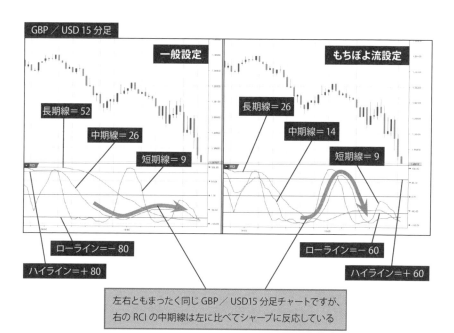

GBP／USD 15分足

一般設定

もちぽよ流設定

長期線＝52

中期線＝26

短期線＝9

長期線＝26

中期線＝14

短期線＝9

ローライン＝－80

ハイライン＝＋80

ローライン＝－60

ハイライン＝＋60

左右ともまったく同じGBP／USD15分足チャートですが、右のRCIの中期線は左に比べてシャープに反応している

程度が緩い場合は途中で反転することもあります。この微妙な動きの目安として±60が使いやすいと考えます。これらの設定はスマホのチャートにおいてもすべて同じになります。

　では実際のチャートで、もちぽよ流の設定を検証してみましょう。RCIの短期線が＋60ラインを超えて反転したら売、－60ラインを超えて反転したら買でエントリーという条件で検証してみました。実際にエントリーするかどうかの判断は、さらに下位の時間足を見て検証する必要がありますので、これらすべてがエントリーできるわけではありません。エントリーの最初の手がかりとしては十分でしょう。RCIを使った詳しい戦略は第4章「レンジ相場の基本戦略」以降で詳しく解説します。

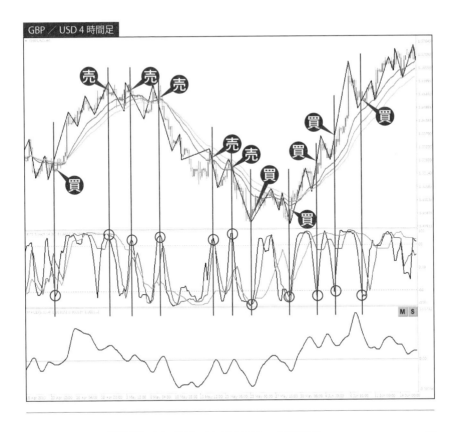

④まとめ：もちぽよ流のチャート基本設定

　トレードは極力シンプルに、と考えるのがもちぽよ流です。エントリーの基準や利益確定の基準から、損切りの基準まで。そのためにテクニカルチャートも、もちぽよ流トレードがうまく機能するように設定を色々と変えて検証を重ねた末、現在のようなやや特殊な形になりました。

　各チャートの設定は下にまとめた通りですが、**私はローソク足をほとんど見ません。その代わり右ページ下のチャートのように MT4 の「ZigZag」をチャートに表示させています。この波形を見て高値安値を更新したタイミングや EMA に対して押し目や戻しを確認し、次に RCI や MACD でエントリータイミングを探るというのが大まかな手順になります。**

　実は相場は常に変化していて、昨日までうまく使えていた手法が急に

もちぽよ流チャート設定＋エントリーのまとめ

チャート設定

❶ MT4 でローソク足チャートに「ZigZag」を表示させる
ZigZag の設定は（Depth:5・Deviation:3・Backstep:2）

❷ EMA を（20・30・40）で表示させる

❸ MACD を（6・13・4）で表示させる　※MA は表示させない

❹ RCI を（9・14・26）で表示させる

エントリー手順

❶ チャートの EMA と ZigZag を見て、相場がトレンドかレンジかを判断

❷ ZigZag の波形で押し目、戻り目／高値、安値のブレイクをチェック

❸ RCI、MACD のサインを確認してエントリーポイントを探る

しっくりこなくなることがあります。

　EA（自動売買）を使ったことのある方なら経験したことがあると思いますが、最初は順調に利益を伸ばしていたインジケーターも次第に収益率が下がってくるようなことがあります。私の設定も相場状況が変われば、それにあわせて設定を変える必要が出てくるかもしれません。皆さんも私の手法を取り入れながらも、相場の変化をよく観察し、臨機応変にツールをアレンジする力をつけてください。

　本書に載せきれない RCI と MACD を組み合わせたエントリーパターンについては、私が提供している「パターン集」で解説しているので、ご覧になりたい方は Twitter（https://twitter.com/mochi_fxtrader）で情報をチェックしてください。

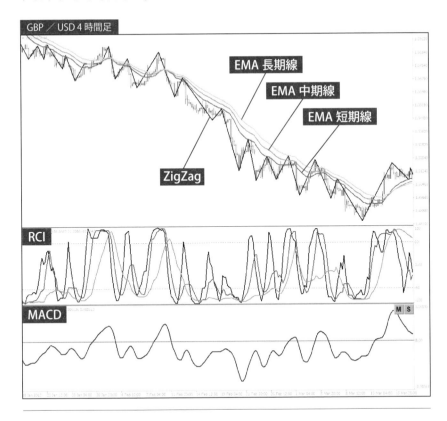

⑤私が「ポンド」を選ぶ理由

　私は主に「ポンド円」や「ポンドドル」といったポンド系の通貨ペアに絞ってトレードをしていますが、その理由を説明しておこうと思います。

　基本的にポンド系のようなボラティリティ（価格の変動率）が高い通貨ペアは初心者に向いていなかったり、大きく利益が取りやすい反面、大きく損もしやすいと言われていますが、どの通貨ペアよりもテクニカルに素直に反応すると考えています。

　これまで様々な通貨ペアで過去チャートを検証したり、実際にトレードも行ってきましたが、エントリー判断の主な根拠としているRCIやMACDまたは節目について、最も動きを読みやすかったのがポンド系でした。

　その結果、ポンド系が最も利益が取りやすく、安定して大きな値幅を狙うことができるという結論に至りました。

　むやみにポンド系をおすすめするわけではありませんので、皆さんが普段トレードしている通貨ペアを、もちぽよ流のテクニカルチャートの設定で検証してみてください。もし利益が出るようであれば、無理して慣れな

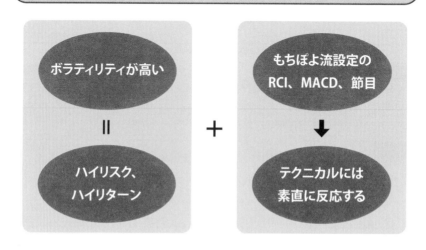

い通貨ペアに変更する必要はないと思います。

　では実際に下のチャートでポンド系の値動きのクセを見てみましょう。安値 **A** を安値 **B** が切り下げたポイントで MACD を見ると逆に切り上げていて、ダイバージェンスが発生しています。どの通貨ペアでも、高値や安値を更新してきた時、オシレーター系の指標でダイバージェンスが成立することはよくあります。これは1つの反転サインになりますが、もちろん100％信頼できるわけではありません。しかし、ポンド系のようにボラティリティの高い通貨ペア、あるいはボラティリティが高い相場状況であれば、反転の可能性は一段と高くなります。ダイバージェンスに他の根拠を組み合わせれば、さらに精度の高いエントリーを狙うこともできます。

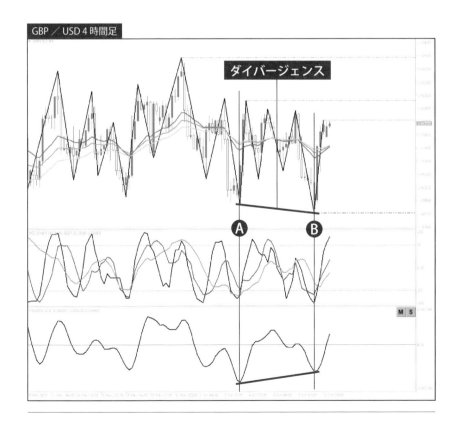

準備運動のまとめ

最初はマネをすることから始める。
テクニカルチャートの設定などは
アレンジせずにやってみる。
そこに疑問を感じ始めたら、はじめて
自分の考えでアレンジしてみよう

第**3**章

【チャートの基本編①】
トレンド

「エントリー」と「利益確定」の
〝最適化〟方法

①ローソク足ではなく「波形」を見る

トレードを学ぶ中で、必ず通る道として「ローソク足」とそのパターンがあると思います。

ただ、**私自身はローソク足はほとんど意識しておらず、すべて「波形」としてチャートを捉えています。そうすることでシンプルにチャートを見ることができ、トレンドの動きや「押し目」「戻し」のポイント、「トレンド転換」したり「調整」したりするポイントが明確に見えてきます。**

具体的に見てみましょう。右ページ上図は GBP ／ USD 日足チャートに EMA を表示させたものです。全体を見れば右肩上がりの上昇トレンドであることが分かります。しかし、売買ポイントを探るのはそう簡単ではありません。

もちぽよ流の特徴は、上昇トレンドの押し目や下降トレンドの戻し、そして高値が更新されたポイントや安値が更新されたポイントなどを売買判断で重視している点です。そこで、これまで色々なインジケーターを使ってきましたが、しっくりくるものがありませんでした。そして、ようやく出会ったのが **MT4 の「ZigZag」というインジケーター**だったのです。

右ページ下図は GBP ／ JPY4 時間足のチャートに「ZigZag」を表示させたものですが、これならどこで高値・安値が更新されたのか、また押し目・戻しのポイントがどこなのかが一目で分かります。

私がこれから解説する手法はすべてこの ZigZag を使って行いますので、もしまだこのインジケーターをダウンロードされていない方がいらっしゃったらぜひダウンロードしてください。

もう一度右ページ下図をご覧ください。チャートの **A**、**B**、**C** の部分が高値を更新したところを数カ所例として示しました。そして○で囲んだ部分が主だった押し目の例です。とてもシンプルで分かりやすいことがお分かりいただけたと思います。また一般的に利用されているインジケーターなので、それぞれのポイントはより多くのトレーダーに意識されているという点も見逃せないでしょう。

ローソク足に「ZigZag」を表示させる

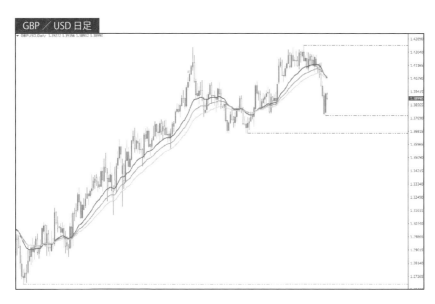

GBP／USD 日足

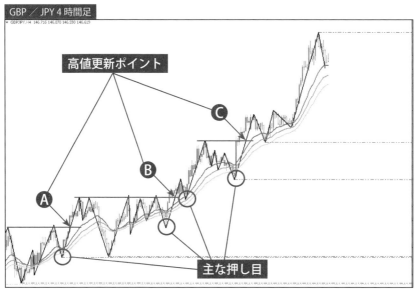

GBP／JPY 4 時間足

高値更新ポイント

主な押し目

②トレンドの基本「ダウ理論」

　「ダウ理論」と「グランビルの法則」はもちぽよ流トレードでは必須です。この2つを組み合わせることで「押し目」「戻し」の狙い目が見えてきます。本書は「ダウ理論」や「グランビルの法則」の専門書ではありませんので、それぞれのポイントだけをごく簡単に説明します。

　最初に「ダウ理論」ですが、チェックすべきポイントは次の2つ。上昇もしくは下降トレンドが継続しているか、トレンド転換したかです。右ページ上の左図は上昇トレンドの継続を示しています。高値が更新され、安値が切り上がっているのが特徴です。一方右図は下降トレンドで、安値が更新され高値が切り下がっているのが特徴です。

　次にトレンド転換の特徴を示したのが右ページ下図です。左図では3つ目の高値が2つ目の高値を更新できず、直近の安値を下抜けました。上昇から下降へとトレンド転換したことを示しています。右図は3つ目の安値が2つ目の安値を更新できず、直近の高値を上抜けたので、下降から上昇へとトレンドが転換したことを示すサインとなっています。

　これを実際のチャートで確認すると下図のようになります。ご覧のように変則的な動きも加わると判断が難しくなりますが、過去のチャートを使ったケーススタディで腕を磨きましょう。

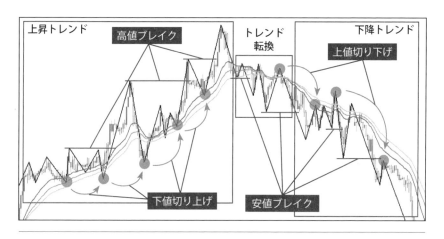

ダウ理論によるトレンドの動き

上昇トレンド

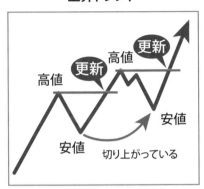

高値が更新されていき
安値が切り上がっていく状態が
上昇トレンドの基本

下降トレンド

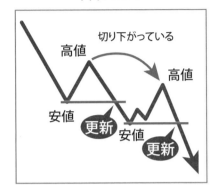

安値が更新されていき
高値が切り下がっていく状態が
下降トレンドの基本

上昇から下降へのトレンド転換

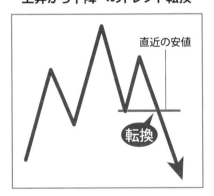

直近の安値を下回ると下降
トレンドのサイン

下降から上昇へのトレンド転換

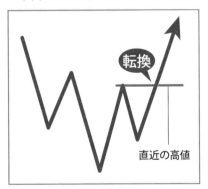

直近の高値を上回ると上昇
トレンドのサイン

③トレンドの基本「グランビルの法則」

　次に「グランビルの法則」について見てみましょう。売買シグナルは売りが4種類、買いが4種類あります。右ページ上図をご覧ください。赤い線が値動きを表し、グレーの線がEMAです。なお、もちぽよ流ではグランビルの法則にもEMAを使いますが、移動平均線であればどれでも構いません。ここに書き込まれた①から④の売買ポイントについて、その特徴をまとめると次のようになります。

買①　EMAが下降から横ばいか上向きに転じて、レートがEMAを上抜いたところ

買②　EMAが上向きで、一旦下抜けた後、再び上昇に転じたところ

買③　EMAが上向きで、レートがEMA付近まで下がった後、下抜けせずに上昇していくところ

買④　EMAが下向きで、レートがEMAから離れたところで下落から上昇に転じたところ

売①　EMAが上昇から横ばいか下向きに転じて、レートがEMAを下抜いたところ

売②　EMAが下向きで、一旦上抜いた後、再び下降に転じたところ

売③　EMAが下向きで、レートがEMA付近まで上がった後、上抜けせず下降していくところ

売④　EMAが上向きで、レートがEMAから離れたところで上昇から下落に転じたところ

　これらのサインのうち、もちぽよ流ではトレンドが発生している相場状況で使える「買②」「買③」「売②」「売③」のような場面を待ちます。そして**他にも根拠が加われば高い確率で利益を狙うことができます**。他の根拠の探り方については第7章以降で詳しく解説します。

　右ページ下図は実際の相場でグランビルの法則に従って売買した場合を想定して検証したものです。チャートに書かれた売買ポイントは相場の天井と底で売買するような、あくまで理想的なポイントに過ぎません。実際

にはこれらのポイントから2、3本後の足でエントリーすることになります。決して焦らず、そのタイミングを逃さないようにしましょう。

グランビルの法則による売買ポイント

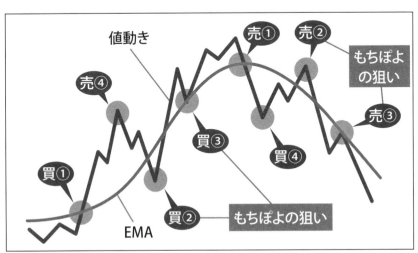

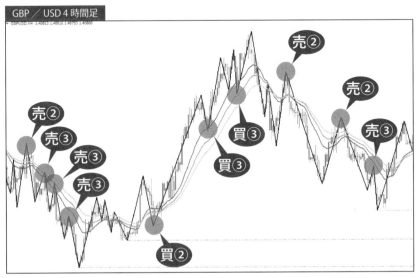

④EMAでトレンドの勢いを見て押し目、戻りを狙う

　トレンドといっても常に同じ勢いで推移しているわけではありません。勢いよく上昇したり下降したりするかと思えば、それまでの値動きの激しさが嘘のように動かなくなってしまうこともあります。こうなると、どんな手を使っても利益を出すのは難しくなります。**利益の出しやすいタイミングをじっくり待って、エントリーするのがもちぽよ流です。**

　この利益を出しやすいタイミングを教えてくれるサインの１つに、EMAがあります。そして注目ポイントは次の３つです。右ページの上と下のチャートをご覧ください。赤枠で囲まれた部分を見ると、トレンドは同じ上昇でも、上のチャートは緩やかに上昇しているのに対して、下は勢いよく上昇しています。この時注目してもらいたいのが３本のEMA。**上昇が緩やかな上のEMAは間隔が狭い**のに対し、**上昇が急な下のEMAは間隔が広がっている**ことが分かります。これが１つ目のポイントです。

　次のポイントは、この上下２つのトレンドの上昇の角度です。角度が急（＝トレンドが明確）な時ほどエントリーのチャンスがあると考えてください。どのくらいの角度がエントリーに適しているのかは、相場状況によって判断します。少なくとも上のチャートの赤枠で囲まれた部分より下のチャートの赤枠で囲まれた部分のほうがエントリーに適しています。

　そして売買判断に直結する３つ目のポイント。それが**押し目の見極め**です。上のチャートのようにトレンドが緩やかな場合、押し目A と高値B、C の差を見ると分かるように、押し目や戻しをつけても強くは動きません。一方下のチャートの押し目D に対して高値E、F を見れば明らかなようにトレンドに勢いがあると、押し目や戻しをつけるとその後の値動きが強く出やすくなります。ここが狙い目になります。これが見極められるようになればトレードの収益性も格段によくなるはずです。

　もちぽよ流では「**EMAの空き**」、「**トレンドの角度**」、そして「**押し目、戻し（下降トレンドの場合）が理想的な形で現れる**」の３つのポイント**をじっくりと待つ**ことが戦略の要になります。

EMA の間隔と角度でトレンドの勢いを判断

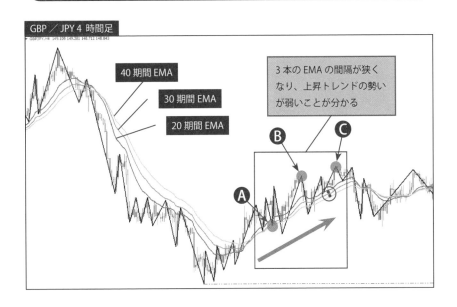

GBP／JPY 4時間足

40期間 EMA

30期間 EMA

20期間 EMA

3本の EMA の間隔が狭く
なり、上昇トレンドの勢い
が弱いことが分かる

Ⓐ Ⓑ Ⓒ

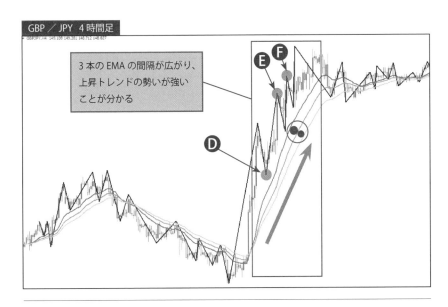

GBP／JPY 4時間足

3本の EMA の間隔が広がり、
上昇トレンドの勢いが強い
ことが分かる

Ⓓ Ⓔ Ⓕ

⑤エントリーポイントは「複数の時間足」を見て判断

　さてここまで「波形」「ダウ理論」「グランビルの法則」そして「EMA」とトレンド相場でのエントリーと利食いのタイミングについて説明してきました。これらの手法は、ほぼどの時間足にも有効です。ただし、気をつけるべきポイントが１つあります。それは、１つの時間足だけを見て売買判断をするのは危険だということです。

　このページ下の左チャートは EUR ／ USD5 分足のチャートです。相場は右肩上がりの上昇トレンドであることが分かります。54 ページで解説した「ダウ理論」に従ってエントリーするならば直近高値を上抜いたところ２カ所で買い注文を入れられます。では右側の EUR ／ USD1 時間足チャートをご覧ください。右肩下がりの下降トレンドです。実はこのチャートの赤枠で囲まれた部分を拡大したのが左の５分足チャートになります。５分足チャートのサインに従って利益を得ることもできますが、その利益幅は狭く、またこの後急に値を下げる可能性が高く、一瞬利益確定が遅く

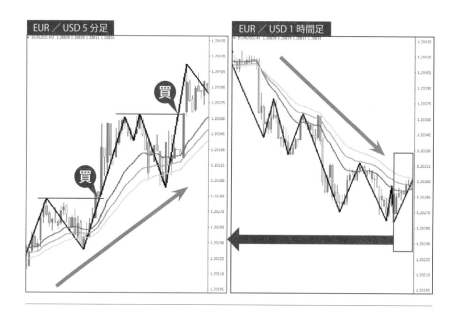

なれば大きな損失を抱えてしまうことにもなりかねません。

　このような事態を避けるためにも私は**常に上位足を同時に表示させる**ようにしています。このページ下のチャートは左ページ下の２つのチャートの元になっているチャートです。

　自分がメインで見る時間足と、その上下の時間足の状況は常に把握できるように、２つのチャートを並べて表示するといいでしょう。

　下図のケースでは、左にはより明確なエントリーポイントを見極めるため、５分足のチャートを表示させ、右には大きな流れをつかむため、１時間足のチャートを表示させています。

　何分足と何時間足を表示させればいいのかは、その時の相場状況にもよります。このように短い時間足と長い時間足を同時に表示させてエントリータイミングを分析することを「マルチタイムフレーム分析」といいますが、これについては第６章でさらに詳しく説明します。

短い時間足と長い時間足を並べて表示させる

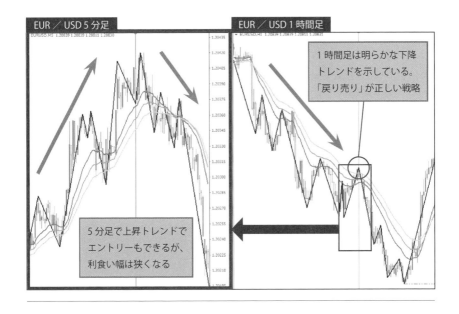

⑥トレンドの終わりはどう判断する？

　トレンドはいつまでも続くわけではありません。どれだけ勢いのあるトレンドも長いトレンドもいつかは終わりがきます。

　実は FX はエントリーよりも利益確定のタイミングのほうが難しいと言われることがあります。ロングでエントリーして上昇が続いていても、やがてトレンドの終わりを見極めて利益を確定させなくてはいけません。そのタイミングを正確に捉えることはそう簡単ではありません。

　例えば、前のページで紹介したマルチタイムフレーム分析に従って、5分足の下降トレンドの終わりが 1 時間足の下降トレンドの戻りと一致するような場合、一旦は利食っておくのが無難でしょう。このように上位足のトレンドの押し目や戻しが、短い時間足の押し目や戻しと一致すれば判断は簡単なのですが、すべてがそううまくいくとは限りません。そこで、**もちぽよ流では MACD のダイバージェンスをトレンド終了の目安にし、利確やエントリーの判断基準としています。**

　右ページのチャートをご覧ください。左側がエントリーから利確までのプランを立てた 5 分足のチャートです。そして右が大きな流れを見るために表示させた上位足の 1 時間足チャートです。そのどちらにも RCIと MACD を表示させています。ここで使うのはレートの高値安値を示す「ZigZag」と MACD です。そしてこの「ZigZag」と MACD のダイバージェンスの発生をトレンド転換のサインとするのです。1 時間足の赤枠で囲まれた部分は下降トレンドですが、1 時間足では安値更新しているのに対して MACD では値を上げ、ダイバージェンスが形成されています。

　また、この状況では EUR ／ USD の節目である 1.19500 付近に引き寄せられているので、**今まで売ってきた人たちが利益確定の買いを入れ始める**という複合的な予測もできます。

　このように、**上位足でダイバージェンスの発生を確認し、次にメインで見ている下位足のトレンドが一旦調整に入るか終了していくかを確認し、最終的な利食いのタイミングを見計らいます。**

MACD のダイバージェンスでトレンド終了を予想

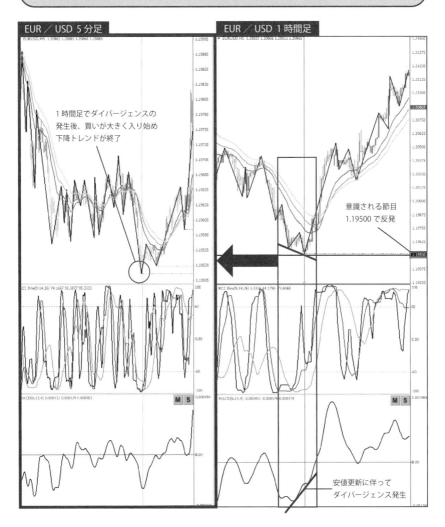

1 時間足でダイバージェンスの
発生後、買いが大きく入り始め
下降トレンドが終了

意識される節目
1.19500 で反発

安値更新に伴って
ダイバージェンス発生

ダイバージェンスとは、オシレーター系のテクニカル指標が、実際の値動きと
逆方向に動いている状態（逆行現象）のことです。主にトレンド転換や調整局
面で現れる現象ですが、詳しい戦略は第5章で説明します。

次の例は右ページの AUD ／ USD です。ここでも 1 時間足が **A** の高値に対して **B** では高値を更新していますが、MACD を見るとわずかながら下げていて、ダイバージェンスが発生していることが確認できます。

　さらにそのポイントを 5 分足で細かく見ると **B** の部分でもダイバージェンスが発生していることが確認できます。「上位足＋ 5 分足のダイバージェンスの合致」という利益確定の 2 つの根拠が確認できたことになります。これによって、メインで見ている 5 分足の上昇トレンドは終了するか、一旦大きな売りの調整が入ると考えられます。ロングのポジションを持っていたら利食いするポイントとなり、ポジションを持っていなければ新規に売りのエントリーを狙うポイントともなります。

　このように**メインで取引する時間足に対して上位足で発生するダイバージェンスは、トレンドの終わりや大きな調整を示唆するサインになる**ことを覚えておいてください。ここでご紹介したようなケースが過去にどのくらい発生しているか、またどの時間足で発生しているのか、実際にご自身で過去のチャートを遡って確認してみてください。

　さて、ここで 1 つ注意していただきたいことがあります。それは、**自分がどの時間足でエントリーと、利益確定のプランを立てたのかを忘れたり、ごまかしたりしない**ということです。

　例えば 5 分足でロングエントリーし、買値より 20pips 下落したら損切り、40pips 上昇したら利確というプランを立てたとします。そして思惑が外れ 5 分足では 20pips 下落したにもかかわらず上位足の 1 時間足を見ると上昇中の押し目であるような場合どうしますか？　これを強い押し目が発生しているだけで、いずれ反転して上昇トレンドが継続すると考えますか？

　相場ではセオリー通りに動くこともありますが、イレギュラーな動きをすることも頻繁にあります。**「マルチタイムフレーム分析」は損切りレベルを変更させるためのツールではない**ことを肝に銘じておいてください。

　なお、もちぽよ流の損切りルールについては第 12 章の「資金管理」の中で詳しく解説します。

2つのダイバージェンスの合致

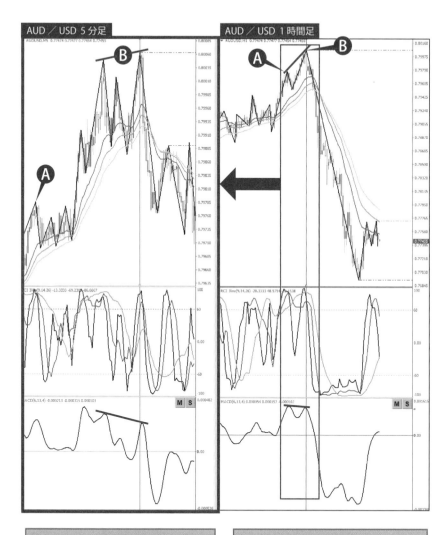

Bの部分だけを5分足でクローズアップして見ると、ダイバージェンスが発生しており、ここでもトレンド終了が確認できる	AからBへの高値更新に対してMACDでは逆のサインを示し、ダイバージェンスの発生が確認できる

第3章のまとめ

トレンド相場の見極め方と
もちぽよ流テクニカルのアレンジ
そしてエントリーと利益確定の基本的な手法
まずはこれらを覚えることが
「攻めのトレード」への第一歩

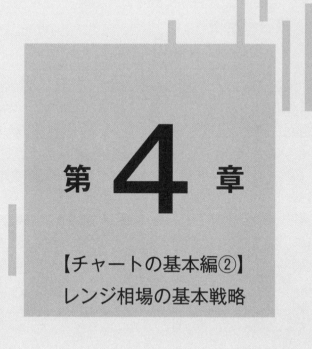

第4章

【チャートの基本編②】
レンジ相場の基本戦略

もみ合いの特性を理解して
「売買チャンス」を格段に広げる

①レンジ相場の定義

　相場の動きには３つの種類があります。第３章で説明した**「上昇トレンド」**と**「下降トレンド」**、そしてこの章で説明する**「レンジ相場」**です。

　レンジ相場は**「持ち合い相場」**または**「ボックス相場」**とも呼ばれ、**ある一定の値幅（レンジ）の間を行ったり来たりするのが特徴**です。そして、このレンジ相場は出現する割合が多く、相場全体の約８割にもなると言われています。であればレンジ相場ならではのトレード方法を覚えて、利益獲得のチャンスを広げない手はないでしょう。

　そもそも相場がレンジかトレンドなのかは、どう判断すればいいのでしょうか？　もちぽよ流では次の２つをレンジ相場の条件としています。

　まずは右ページ上の「条件１」をご覧ください。これは相場の値動きと３本のEMAを重ねて表示したものです。値動きはEMAを挟んで上に行ったり下に行ったりを繰り返しています。そして短期、中期、長期のEMAは**交差しながら推移**しています。これは相場に方向感がない状態を表しており、レンジ相場が続いていると判断できます。

　次に右ページ下の「条件２」をご覧ください。最初に上昇したレートが反発された価格で再び反発されることがあります。このレートが上値抵抗線（レジスタンスライン）で、その後も反発される可能性が高くなります。

　同様に下落していた相場があるレートで反発され、一旦は上昇したものの、再び下落すると同じ価格で反発されることがあります。このレートが下値支持線（サポートライン）になります。そして、このレジスタンスラインとサポートラインの間を上がったり下がったりする動きがレンジ相場の２つ目の条件になります。

　レンジ相場の特徴として、反発した回数が多くなればなるほど反発力が強くなる傾向があります。そしてこのレジスタンスラインとサポートラインを突き抜けていく（レンジの終了）ことをレンジブレイクといいます。

　ではこのレンジ相場を活かしたトレード戦略にはどんなものがあるのか、次ページから具体的にチャートを使って説明していきます。

レンジ相場と判断する2つの条件

条件1
短期、中期、長期のEMAがクロスを繰り返し、値動きはEMAを挟んで上下に行ったり来たりしている状態

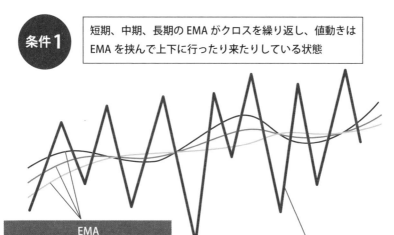

EMA
（上から短期線、中期線、長期線）

値動き

条件2
上値抵抗線と下値支持線を挟んで、上値と下値の起点を1回反発した時点でレンジ相場と判断。最後に上か下のどちらかに大きく抜ける（レンジブレイク）までレンジ相場が継続と判断

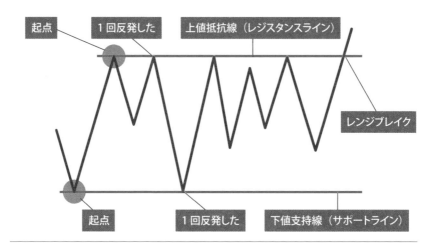

起点

1回反発した

上値抵抗線（レジスタンスライン）

レンジブレイク

起点

1回反発した

下値支持線（サポートライン）

②レンジ相場でリスクを抑えてエントリーする方法

　ここからは、レンジ相場では何を根拠にエントリーや利確の判断をするのか、詳しく見ていきましょう。

　右ページのチャートをご覧ください。**A** の高値を **B** で更新した時に RCI は上限にあり、MACD ではダイバージェンスが成立しています。**C** は **B** の高値を更新していない状態で RCI が上限にあり、MACD ではヒドゥンダイバージェンスが成立しています。

　D も **B** の高値を更新していない状態で RCI が上限にあり、MACD ではヒドゥンダイバージェンスが成立していますので、それぞれ売りを狙います。

　B-1 の安値は **A-1** の安値を更新できていない状態で RCI が下限にあり、MACD ではヒドゥンダイバージェンスが成立してきていますので買いを狙います。

　つまり、**レンジで注目するのは「直近の高値か安値に到達した時」と「高値か安値を更新した時」です。その時にオシレーターの RCI が上限か下限に到達し、MACD でダイバージェンスやヒドゥンダイバージェンスが成立していれば、高い確率で反発すると考えてエントリーします。**これがもちぽよ流のシンプルでリスクを抑えたエントリー方法です。

　もちろん、他にも節目のレート（ラウンドナンバー）が重なっていたり、上位足や下位足でもエントリーを後押しする根拠があればなおいいのですが、ひとまずはこのシンプルなエントリー方法を覚えてください。

　過去チャートを検証すればよく似たケースが出てくるはずなので、実際に MT4 などの過去チャートを遡れるソフトを使って確認してみましょう。

　単純にレンジの上限下限に値動きが到達したからエントリーするだけでは根拠が弱くリスクもあり、自信を持ってポジションを持つには躊躇してしまいます。そこでオシレーターを使って根拠を加えることで、リスクを回避しながら精度の高いエントリーポイントを狙っていくことができるのです。

MACDとRCIでローリスクなエントリーポイントを探る

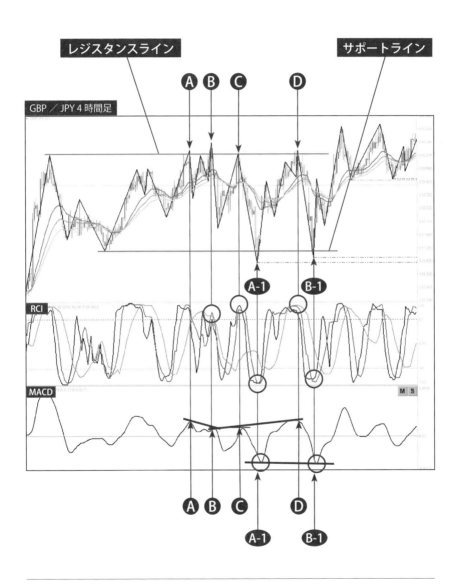

レジスタンスライン

サポートライン

GBP／JPY 4時間足

RCI

MACD

③2つの時間足を見て、エントリーと利確の精度を上げる

　相場はトレンドよりもレンジの比率のほうが多いと書きましたが、時期によってその比率は変わり、見る時間足によってもトレンドかレンジかは変わってきます。ここではレンジ相場と時間足の関係、そしてエントリーの根拠についても見ていきましょう。

　右ページ上の図は1時間足の値動きを表したものです。レジスタンスゾーンとサポートゾーンを挟んで、レンジの間を上下に動いています。この図を見る限り、レートはきれいな一直線を描きながら上下動を繰り返しています。では次に下の図をご覧ください。これは上の1時間足のチャートの一部を拡大して5分足で見たところです。

　概念図ですが、直線的な1時間足の中に上下動を繰り返しながら上昇している5分足が、レジスタンスゾーンにぶつかると反発して下落するという場面です。実際の相場もこのように細かなジグザグ運動をしながらレンジの間を上下に動いていると考えてください。

　ではこの2つの時間足を見てどのようなトレード戦略が取れるのか見てみます。**レンジ相場ではその「上限で売り、下限で買い戻す」または「下限で買い、上限で売る」のが基本戦略になります**。しかし気をつけなくてはいけない点が1つあります。それは上限に達した後、確実に反発するのか、もしくはレンジブレイクして上昇トレンドへと移っていくのか、または逆に下限に達した後、反発するのかもしくはレンジブレイクして下降トレンドへと移っていくのかという見極めです。

　もちぽよ流ではここで前ページでも説明した「MACDのダイバージェンス」を1つの手がかりにしています。1時間足では上昇から下降へのトレンド転換は「点」にしか見えませんが、5分足を見ればトリプルトップやダブルトップを形成することもあります。そこで右ページ下図のようにMACDも表示させ、ダイバージェンスなどを確認し、エントリーもしくは利益確定の根拠とします。もちろん相場に絶対はありませんから、この後レンジブレイクすることもありますが、その確率は低いでしょう。

もう1つの時間足で MACD をチェック

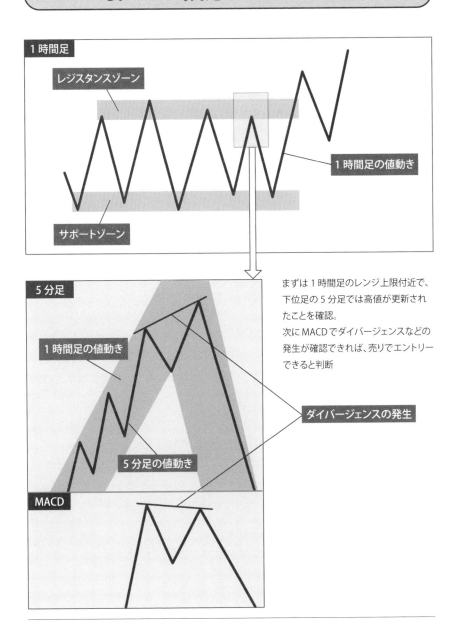

1時間足

レジスタンスゾーン

1時間足の値動き

サポートゾーン

5分足

1時間足の値動き

5分足の値動き

ダイバージェンスの発生

MACD

まずは1時間足のレンジ上限付近で、下位足の5分足では高値が更新されたことを確認。
次に MACD でダイバージェンスなどの発生が確認できれば、売りでエントリーできると判断

④RCIでレンジの中のトレンド転換を見極める

　上位足、例えば 1 時間足や 4 時間足がレンジの時は、下位足である 5 分足や 15 分足を見るとレジスタンスラインとサポートラインの間を上昇したり下降したりしながらトレンドが発生しています。**そのトレンドの中で上位足のレンジ上限や下限に達してきた時、レンジブレイクしなければ下位足ではトレンド転換、または大きな調整のシグナルが発生することがあります。**また、前ページで見たような高値安値を更新した時のダイバージェンスだったり、逆に高値安値を更新できない状態でのヒドゥンダイバージェンスが成立するという場合もあります。

　ここではそうした動きに加えて、もう 1 つのトレンド転換サインについて見てみます。相場の買われすぎ、売られすぎを表すオシレーターの動きに注目してみましょう。もちぽよ流では特に RCI を使います。主に RCI の 3 本の線が上限や下限に到達している時は高い確率でレンジ上限からの下降や下限からの上昇が鮮明になります。つまり、エントリーや利確にとって絶好の狙い目となるわけです。

　右ページのチャートでは 4 時間足がレンジとなっており、赤い枠で囲んだ部分が「レンジの上限辺り」と考えていて、その部分を 5 分足で表示させました。5 分足では上昇トレンドとなっており、**A** の高値に対して **B** が高値を更新した部分（4 時間足レンジ上限辺り）でダイバージェンスが発生し、RCI も上限に到達しています。またこの場面では 4 時間足も直近高値の部分と赤枠で囲んだ中の高値部分を MACD で見るとダイバージェンスが発生しており、RCI も上限に到達していることが確認できます。これはより下落しやすい根拠として付け加えることができます。ショートでエントリーするか、ロングポジションを持っていれば利確するポイントになります。このようにレンジ相場では、レートがそれぞれレンジの上限下限に到達してきた時に下位の時間足を見て、より確かなポイントでエントリーを狙っていくことが大事です。

　エントリーのタイミングとしては **B** の時点でも **B** の時点から落ち始め

てからでも遅くはありません。また、利益確定はこの場合5分足のRCIの下限到達が理想的ですが、必ずしも「レンジだから上限で入ったら下限まで保有する」ということはなく、トレンドが弱くなった場合などはRCIの短期線の反転を売りの根拠にする場合もあります。

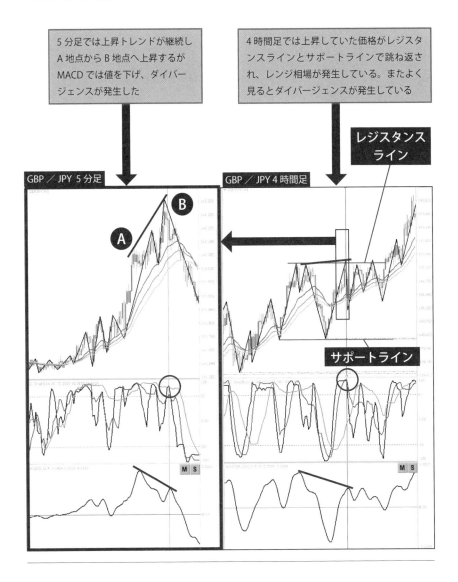

5分足では上昇トレンドが継続しA地点からB地点へ上昇するがMACDでは値を下げ、ダイバージェンスが発生した

4時間足では上昇していた価格がレジスタンスラインとサポートラインで跳ね返され、レンジ相場が発生している。またよく見るとダイバージェンスが発生している

レジスタンスライン

GBP／JPY 5分足

GBP／JPY 4時間足

サポートライン

第4章のまとめ

レンジ相場の特徴的な値動きを理解し
RCIで売買タイミングを計り
MACDの値動きを見て
精度の高いポイントでエントリーし
最後に有利な利益確定ポイントを
見極める

第 5 章

【チャートの基本編③】
オシレーター

もちぽよ流アレンジで
「対応力」をアップする

①買われすぎ売られすぎを判断するコツ

　オシレーターとは、今まで出てきた RCI や MACD といったテクニカル指標の分類の１つですが、RCI と MACD はトレンド系の要素も持っているのでトレンド系に分類する方もいて、議論の分かれるところですが、もちぽよ流ではオシレーターをインジケーターとしてどう使うのか説明します。

　まずはじめにコツですが、**RCI やストキャスティクスなどのオシレーターは上限下限のラインを設定し、そこを超えてきてからの動きを見て買われすぎか売られすぎかを判断するのが基本**です。そして、判断の精度を高めるためには、「オシレーターの動きを確認すること」も重要です。

　例えば右ページ上 **A** 図のように線がぐちゃぐちゃと動いている時は相場がスムーズに動きにくいので買われすぎ状態でも下がりにくかったり、売られすぎ状態でも上がりにくかったりすることが多いです。

　一方右ページ上 **B** 図のように滑らかに動いている時は「上限下限のラインを超えたら反転する」というように相場もオシレーターの動きに合わせるように動く傾向が強まります。

　右ページ下のチャートは実際の GBP ／ USD の日足(右)と４時間足(左)を並べて表示したものです。左の赤枠で囲まれた **A** 部分を見ると、値動きも不安定ですが、RCI も方向の定まらない動きをしていることが分かります。その一方、右の赤枠で囲まれた **B** 部分を見ると値動きも中段で持ち合い相場が発生しているものの、概ね素直な上昇トレンドで推移していることが分かります。それに伴って RCI の動きも短期線はほぼきれいに± 60 ラインを超えてから反転しています。

　このようにオシレーターがぐちゃぐちゃしている時は、相場の参加者が少なかったり、方向感がなくなったりしていると考えられるのでオシレーターが機能しにくく、あまりトレードには向いていない相場状況と考えています。なので、こういった場合は見ている時間足を落として「短期トレードはできそうか」確認したり、「トレードをしない」という選択も考えます。

オシレーターの動きに注目する

A オシレーターが小刻みに動いている　　**B** オシレーターが滑らかに動いている

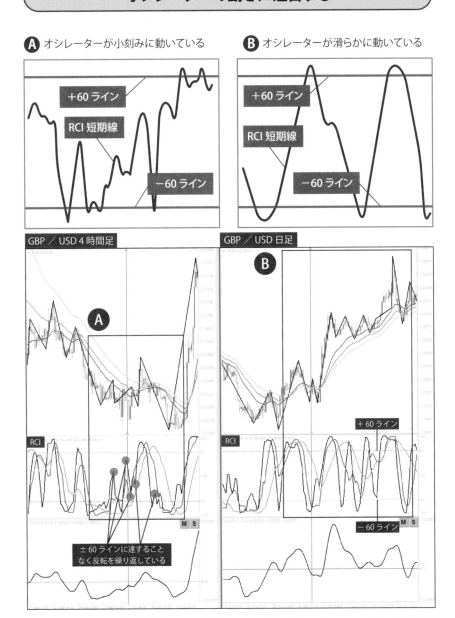

±60 ラインに達すること
なく反転を繰り返している

②MACDで相場の転換点を見極める

　私がトレードする上で特に重視しているのが、「MACD」になります。実際にどのように見ているかを解説していきます。基本的には**MACD はダイバージェンスとヒドゥンダイバージェンスを確認するために使用しています**が、状況によって様々なパターンがありますので、ひとまず基本の形だけを覚えてください。

　右ページ上図は値動きと MACD の動きを表したものです。左側の場合、値動きは高値を更新したけれど、MACD は高値を更新できていません。これはダイバージェンスの発生であり、上昇の勢いが弱まっている可能性が高く、反転下落のサインとなります。

　また、右ページ上図右側のケースでは、値動きは高値を更新できていませんが、MACDは高値を更新しています。この場合はヒドゥンダイバージェンスの発生であり、その後も相場は継続して下落するサインになります。

　図には示していませんが、逆に値動きが安値を更新し、MACD が安値を更新できなかった場合はダイバージェンスの発生であり、下落の勢いが弱まっている可能性が高く、反転上昇のサインになります。また値動きが安値を更新できなかったのに MACD は安値を更新した場合は、ヒドゥンダイバージェンスの発生であり、こちらは上昇継続のサインになります。

　では実際のチャートで見ていきましょう。右ページ下の GBP ／ USD4 時間足（左側）の場合 **A** の高値に対して **B** は高値を更新してきていますが MACD は高値を更新することができておらず、ダイバージェンスと判断します。ここでは **B** の高値が確認できたところ、すなわち、その次の足の終値が確定したところが売りのエントリーポイントになります。

　右の GBP ／ USD 日足の場合、**C** の高値に対して **D** は高値を更新できていませんが、MACD は高値を更新していますので、ヒドゥンダイバージェンスが成立したと判断できます。相場は継続して下落すると判断できますので、ここでは **D** のポイントが確認できたところが売りのエントリーポイントとなります。

「ダイバージェンス」と「ヒドゥンダイバージェンス」を読み取る

高値更新時のダイバージェンス

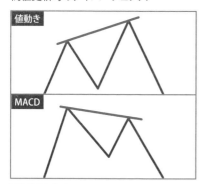

高値を更新しないヒドゥンダイバージェンス

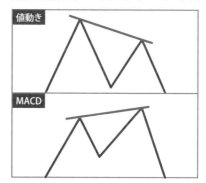

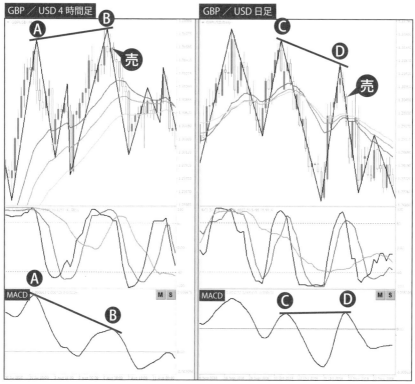

③MACDが0ラインから大きく乖離しているとGOOD

　MACDには0ラインという中心のラインがありますが、このラインに対して「MACDの線がどれくらい乖離しているか」というのももちぽよ流で注目しているポイントになります。

　下のチャートではMACDのラインが0ラインに近いところにあります。このような場合にはダイバージェンス、ヒドゥンダイバージェンスとも反応が鈍くなります。逆に0ラインから乖離していればいるほど、ダイバージェンスやヒドゥンダイバージェンスが発生した後の値動きの勢いが強くなる傾向があります。もちろん毎回確実にそうなるとは限りませんが、1

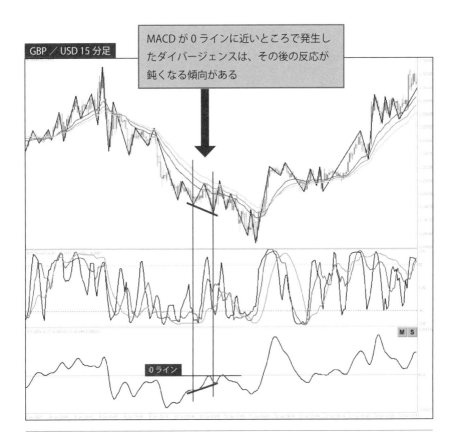

MACDが0ラインに近いところで発生したダイバージェンスは、その後の反応が鈍くなる傾向がある

GBP／USD 15分足

0ライン

つのエントリー根拠として注目すべきポイントになります。

　下のチャートでは左右ともMACDの高値安値は0ラインから離れていて、その後の値動きも明確になっていることが分かります。

　「どれくらい乖離していれば良いか」という明確な基準はありませんが、特にMACDの後ろのポイントの乖離を重視しています。

　どのくらい乖離していればその後の値動きに影響を与えたかは、実際に過去のチャートを数多く検証して覚えるのが一番でしょう。

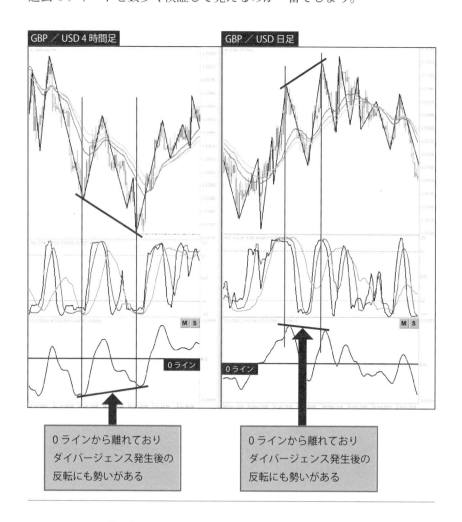

④MACDとRCIを組み合わせる

　ストキャスティクスやRCIとMACDの見方をある程度覚えたら、次は
これらを組み合わせてみましょう。**買われすぎ売られすぎを判断しつつ、**
MACDでダイバージェンスとヒドゥンダイバージェンスを探していくだ
けでも、成功率の高いエントリーチャンスを狙うことができます。

　下のチャートは1時間足と15分足を並べたものですが、1時間足では
MACDがきれいなヒドゥンダイバージェンスを形成し、安値が切り上げ
られたポイントでRCIの短期、中期線が下限に到達して今後上昇するサ
インであることが分かります。これを15分足で見ると同様にMACDがヒ
ドゥンダイバージェンスを形成し、ややずれてはいるもののRCIの短期、

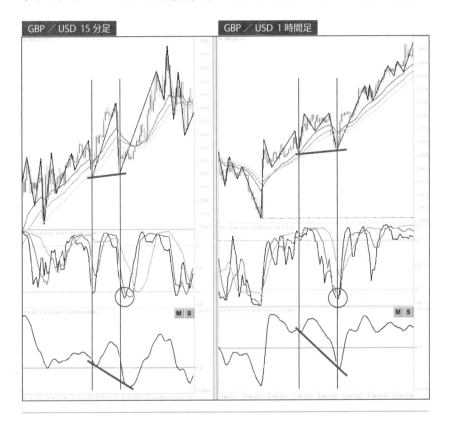

中期線は下限に達していることが分かり、明確な上昇継続のサインである
ことが見てとれます。

　では下のチャートのケースではどうでしょうか。右の日足チャートで
は安値が更新されたポイントでMACDはダイバージェンスを形成し、RCI
の短期、中期、長期線が下限に到達しています。次に左の4時間足を見
ると安値が更新されたポイントでMACDがダイバージェンスを形成し、
そのポイントでRCIは短期と長期線が下限に達しています。

　**このようにレートが高値安値を更新してきた時にRCIとMACDを確認
することで、トレンドの終わりや、反転をある程度予測することができま
す。**これをエントリーにつなげていくのがもちぽよ流のトレードスタイル
になります。

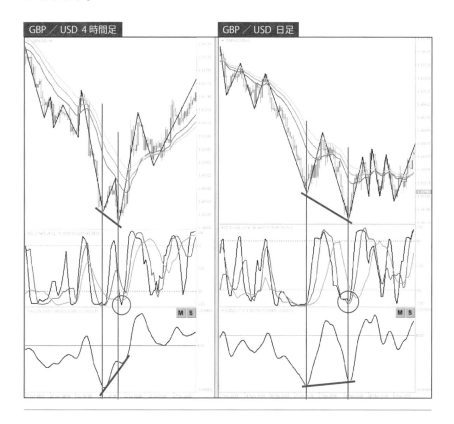

第5章のまとめ

2つのオシレーターの特性を理解し
基本的なサインのカタチを覚える。
RCIとMACDを組み合わせて、
信頼性の高いエントリーポイントを探る

第**6**章

【チャートの基本編④】
マルチタイムフレーム分析

「全体」と「部分」の把握で
〝ダマシ〟を見破る

①マルチタイムフレーム分析とは

　もちぽよ流のトレードで、欠かせないのが「マルチタイムフレーム分析（MTF 分析）」です。MTF 分析とは、簡単に言うと**複数の時間足を見て、今の相場の「状況」や「流れ」「方向感」「パターン」を把握し、エントリーポイントや利益確定のタイミングを探っていく分析方法**のことです。

　例えば右ページ上図のように森の中で道に迷った時、目の前の**一部分**の風景だけを見ても、その向こうがどうなっているのかは分かりません。しかし、これを空の上から俯瞰して**全体**を眺めることができれば、先の先まで見通すことができます。相場でも同様に、短い時間足（＝風景の**一部分**）だけを見ていると、大きな流れ（＝**全体**の風景）を見失ってしまいます。

　初心者の方で、スキャルピングだからといって「5 分足だけ」、「1 分足だけ」と、1 つの時間足だけを見てトレードしている方を多く見かけますが、それでは大事なことを見落としてしまう可能性があります。

　仮に 1 分足でエントリーするとしても、それより長い、例えば 1 時間足なども一緒に見ながら大きな流れや相場状況を把握しておくことでリスクを回避し、損失を最小限に抑えることができるのです。

　右ページ下図をご覧ください。左は 5 分足と 1 時間足の組み合わせ、右は 1 時間足と日足の組み合わせです。

　トレンドが発生している相場状況では上昇トレンドなら押し目買い、下降トレンドなら戻り売りが基本になりますが、その際まずは長い時間足を見て相場が上昇しているのか、下降しているのかを確認します。次により条件のいいところでエントリーするために、短い時間足の動きを追いながら最終判断を下します。

　この時、短い時間足は何分足で長い時間はどの時間足にするのかはトレードスタイルによって変わってきます。スキャルピングのようなごくわずかな利益を狙うのなら 1 分足や 5 分足と 1 時間足、スイングトレードでやや大きな利益を狙うのであれば 1 時間足と日足などが考えられます。これについては第 8 章と第 9 章で、詳しく説明します。

「一部分の把握」と「全体の把握」はどう違う?

目の前に見えるものだけを頼りに先を予想するのは危険。
全体を見渡すことができれば、より正確な判断ができる

短い時間足とその上位足を見てトレンドを確認する

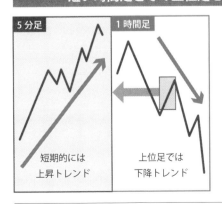

5分足	1時間足
短期的には 上昇トレンド	上位足では 下降トレンド

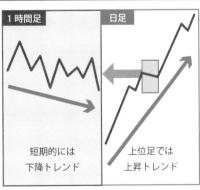

1時間足	日足
短期的には 下降トレンド	上位足では 上昇トレンド

②-1 相場は一種のフラクタル構造と考える

チャートには１分足や１時間足、日足など複数の時間足がありますが、人によって普段見ている時間足が違ったりします。一般的にはスキャルピングなら１分足〜15分足、デイトレードなら30分足〜４時間足、スイングトレードなら４時間足〜週足などではないでしょうか。

しかし、どの時間足もそれぞれにレンジやトレンドを形成していたり、チャートパターンを形成していたりします。

右ページ上のイメージ図をご覧ください。FX チャートとマトリョーシカに何の関係があるのかと思うかもしれませんが、これがまさに時間足と値動きの関係を表しているのです。ご存じの通り、ロシアの民芸品マトリョーシカは大きな人形の上半分を取ると中に同じカタチをした小さな人形が入っていて、その人形の上半分を取るとさらに同じカタチをした小さな人形が入っているというカワイイ人形です（笑）。**値動きの場合も月足から１分足までマトリョーシカのように「入れ子状態」になっています。**

右ページ下図のように１時間足ではダブルトップを形成していますが、この値動きの一部を拡大して15分足で見てみます。するとその部分ではトリプルトップが形成されていました。さらにそのトリプルトップの一部を１分足で見てみると緩やかに上昇した後、急激に下落していることが分かります。

このように**複数の時間足を常に表示させて分析するのが MTF 分析です。**１時間足だけを見ていても相場が次にどう動くのか、その答えが出るのは１時間後です。そこで15分足を見ることで15分先の動きが見えやすくなります。それでも結果が出るのは15分先です。そこで１分足を見て１分先がどうなるのか予想します。そしてこの時、大きな流れはどうなっているのかということを常に頭の中に入れておくことが大事です。そうすることで、小さな不規則な動きや急な動きには惑わされなくなります。

また皆さんよくご存じのダブルトップや、トリプルトップ、フラッグ、ペナントなどのパターン分析がありますが、それらを神のお告げのごとく

「短い時間足」と「長い時間足」の関係

右の１時間足の
最後の足１本を
１分足で表示させて
みると**60本の足が
ダブルトップを
形成していた**

右の日足の
最後の足１本を
１時間足で表示させると
**24 本の足がダブルトップ
を形成していた**

例えば日足では
**30本の足が
ダブルトップを
形成していた**

> それぞれの「時間足のカタチ」はマトリョーシカのような「入れ子状態」になっている。必ずしも
> 上の例のような正確な相似形が現れるわけではなく、カタチはむしろバラバラなことのほうが多い。
> 注意すべきポイントは時間足の中には細かい動きが内包されていることを常に意識すること

上位足の中に隠れた下位足の動き

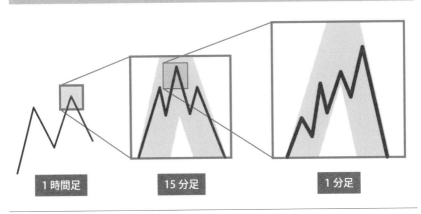

１時間足　　　　　　　15 分足　　　　　　　１分足

信じることは危険です。やはり上位の時間足で大きな流れをつかみつつ、下位の時間足をチェックして、チャートパターンがセオリー通りに進むのか、またはイレギュラーな動きをするのか確認すべきです。そうすることで、小さなダマシに振り回されることなく、落ち着いて値動きをフォローすることができるでしょう。

②-2 マルチタイムフレーム分析（MTF分析）を使った戦略

では実際の相場で、このマルチタイムフレーム分析（MTF分析）をどう使ってエントリーから利益確定の戦略を組み立てるのか見てみましょう。

右ページのチャートはGBP／USDの4時間足（左）と15分足（右）です。最初に4時間足を見ると、①の丸で囲まれた部分は3本のEMAがクロスして、その後次第に線と線の間の幅を広げながら下降していることが分かります。またレートもEMAの下側で推移しています。これは明確な下落のサインと考えられます。

基本戦略としては、戻り売りでエントリーポイントを探りたいところです。しかしこの4時間足だけを見ていても②のところで1回大きく戻す場面があるだけです。他は真っ直ぐに勢いよく値を下げているだけで戻り売りのポイントは見当たりません。

そこで下位足の15分足を表示させると右図のように **A**、**B**、**C**、**D**と戻り売りを狙えるポイントが複数確認できます。また、それぞれのポイントを見るとRCIの短期線が＋60を超えていることも分かります。これらはすべて絶好の戻り売りのポイントであることが分かります。

このように大きな時間足の動きの中には、さらに小さい時間足で上昇や下降のトレンドがいくつも形成されています。**複数の時間足チャートを同時に表示させることで、大きな時間足のトレンド方向に乗りながら小さい時間足で、押し目買いや戻り売りを狙うことができる**というわけです。またその際、RCIやMACDなどの動きも併せて確認すれば、精度の高いエントリーを狙うこともできます。

2つの時間足を同時に表示させて、売買ポイントを探る

4時間足で明確な下降トレンドが確認できた場面（赤枠で囲んだ部分）では戻り売りでエントリーできそうなのは②の1カ所

同じチャートの赤枠で囲んだ部分を15分足チャートで確認すると、戻り売りできるポイントがA、B、C、Dの4カ所確認できる。またRCIも同じところでトレンド転換のサイン（赤丸で囲んだ4カ所）を示している

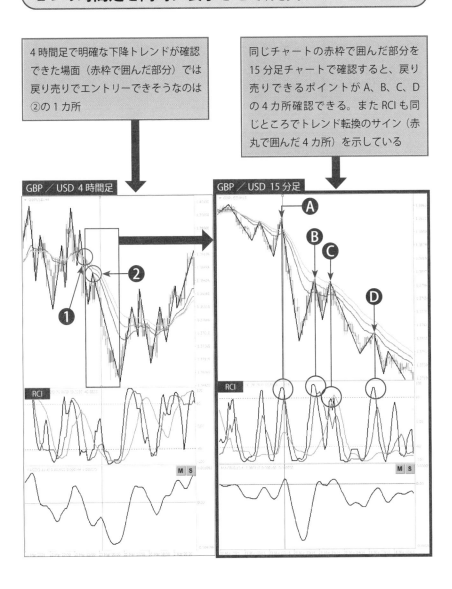

③時間足の組み合わせ具体例

　もちぽよ流ではトレードする際に主要な時間足はすべてチェックしながら、その時の相場状況によってエントリーに使う時間足を選びます。また今がスキャルピングに適した相場か、デイトレードに適した相場かもその時の相場次第で臨機応変に対応しています。

　なぜそうするのかは下図の GBP ／ USD の 1 時間足と 1 分足をご覧ください。この時 1 分足でエントリーを狙うとしても、まずは上位足にあたる 1 時間足でトレンドが発生しているのか、またはレンジ相場なのかを確認します。この場合①で示した赤丸のところで EMA の短期線、中期線、長期線が逆転し、急な角度で上昇しているのでトレンドが発生したと

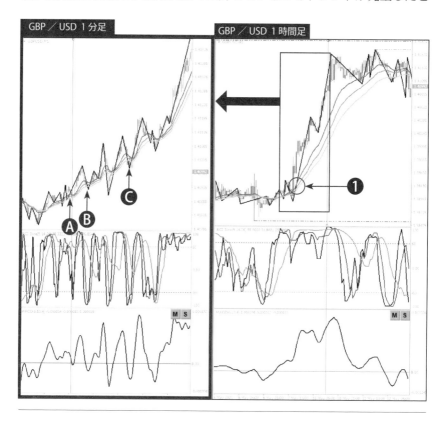

判断。次に1分足を見ると**A**で押し目を付けながら上値を更新しており、ロングでエントリーできると判断します。さらに1時間足で値動きを確認しながら1分足の**B**、**C**の押し目でもエントリーを狙うことができます。

　短い時間足のチャートやトレンドだけを見ても、大きな流れを把握しないと、コツコツドカンで利益を飛ばしてしまいかねません。

「チャートは拡大しすぎないこと」「常に複数の時間足をチェックすること」そして「メインの時間足に加えて上位の時間足も表示させてみる」ということが高い確率で利益を狙うコツになります。

　下のチャートは1分足の上に1時間足を表示させたものです。単純そうに動いている時間足の中にいくつものトレンドやレンジが発生し、1時間足だけでは見えない狙い目のあることが分かります。

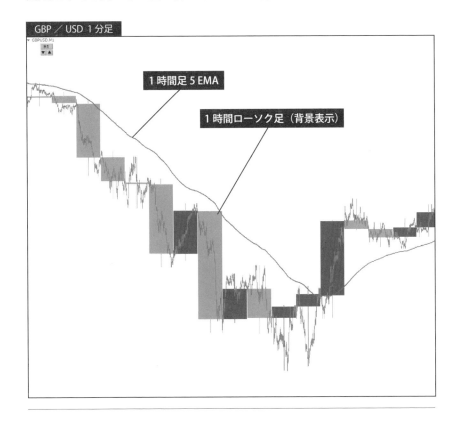

第６章のまとめ

マルチタイムフレーム分析の
本質的な意味を理解し
相場状況とトレードスタイルに合わせて
時間足を自由に行き来して
エントリー、利益確定の
チャンスを広げる

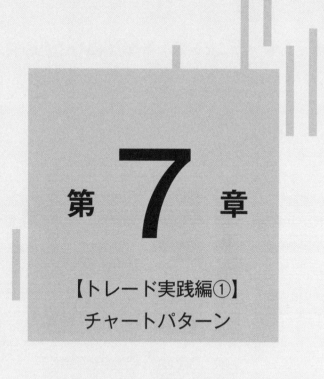

第7章

【トレード実践編①】
チャートパターン

＋αの根拠で、パターンの
「有効性」を計る

① 「ダブルトップ/ボトム」＋RCI＋MACDの例

　基本的なチャートパターンにダブルトップやトリプルトップがあります。カタチが印象的で覚えやすいので初心者の方も比較的早い段階で覚えることが多いのではないでしょうか。

　ただしチャートパターンは絶対的なものではありません。もちろんセオリー通りに値が動くこともありますが、イレギュラーに動くことも結構多いので、それだけで売買を判断するのは危険です。

　もちぽよ流ではダブルトップやトリプルトップが確認できた時に、＋αの根拠を探してエントリーや利確の精度を上げます。

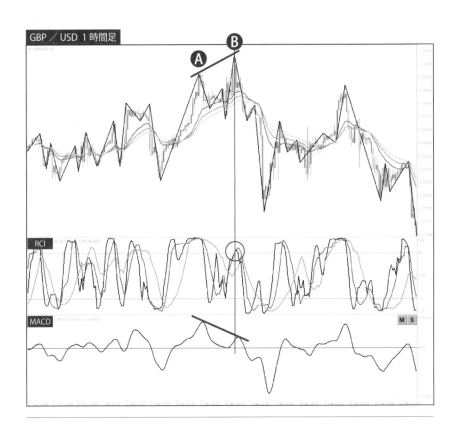

左ページ下図は GBP ／ USD の 1 時間足チャートですが **A** と **B** を高値とするダブルトップがほぼ完成しつつあります。この時高値 **A** に対して高値を更新してきた高値 **B** のポイントでは、RCI が上限に到達していて、MACD は高値を更新できずにダイバージェンスが成立しつつあります。この状況であれば **B** のポイントで売りを狙えると判断できます。

　下図は別の GBP ／ USD の 1 時間足チャートですが、ここでは逆に安値 **A** に対して安値を更新してきた **B** のポイントでは RCI がほぼ下限に到達しています。さらに MACD は安値を更新できずにダイバージェンスが成立しつつあります。このような状況では **B** のポイントでは買いを狙うチャンスと見ていいでしょう。

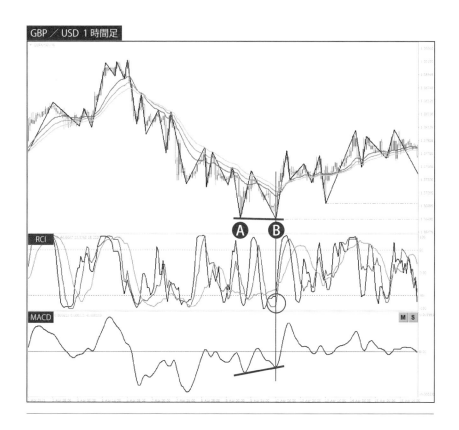

② 「トリプルトップ/ボトム」＋RCI＋MACDの例

　トリプルトップも前ページで紹介したダブルトップほどではありませんが、相場にはよく現れるカタチです。この場合も**ダブルトップ同様にこのフォームだけを頼りに判断するのではなく、オシレーターや、節目などを組み合わせてエントリーや利確の精度を上げていく必要があります。**

　下のGBP／USDの1時間足チャートでは高値**A**〜**B**〜**C**とトリプルトップが完成しつつあります。ここで注目するのは高値**A**に対して3つ目の高値、つまり**C**のポイントではRCIとMACDがどのような状況になっているかを確認します。高値**A**と**B**を更新した**C**のポイントではRCIが上

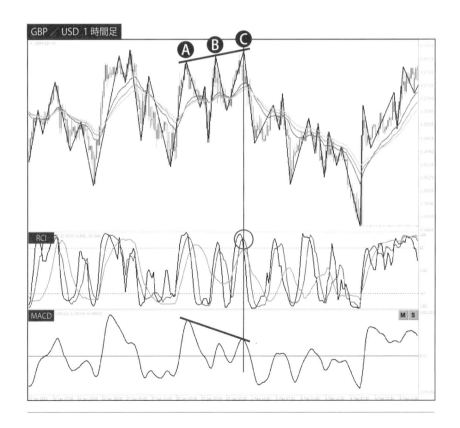

限に到達しています。また MACD は **A** と **C** のポイントを比較すると高値を更新できておらず、ダイバージェンスが成立。これらのことから高値 **C** が明確になった時点で売りでエントリーできると判断します。

　下の GBP ／ USD の 1 時間足チャートは左ページのチャートとは逆に、安値 **A**、**B**、**C** と続きますが、比較するのはダブルボトムと同じように安値 **A** に対して **B** で安値を形成した後、**A** に対して安値を更新してきた **C** のポイントの RCI と MACD です。ここでは安値 **A** に対して **C** が安値を更新し、RCI は下限に到達しています。MACD は安値 **A** に対して **C** では更新できておらずダイバージェンスが成立。安値 **C** 辺りでこれらの条件が揃ったことが明確になれば、迷わず買い注文を入れます。

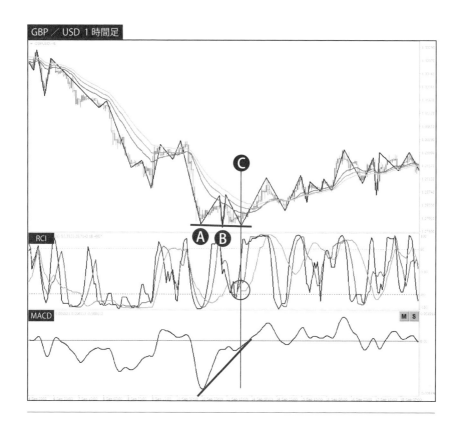

③ 「グランビルの法則/押し目/戻し」+RCI+MACDの例

　グランビルの法則もFXトレードには欠かせない戦略の1つですが、それだけで押し目や戻しを判断するのは、やはりリスクを伴うと考えましょう。オシレーターなどの根拠を加えることで、押し目や戻しの判断の精度が格段に良くなるはずです。

　もちぽよ流ではグランビルの法則+RCIとMACDを組み合わせてエントリーの根拠を探ります。

　下のGBP／USD1時間足チャートでは上昇トレンド中に調整で下がった安値**B**はグランビルの法則では「買③」（56ページ参照）パターンと

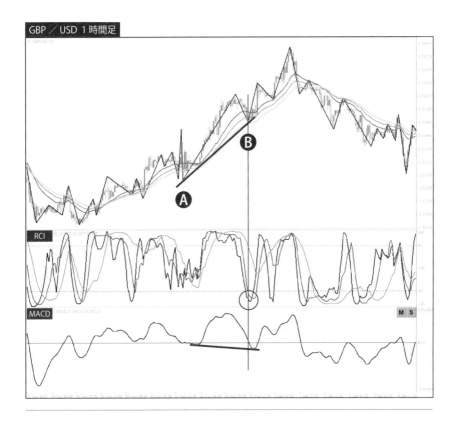

判断できます。そのポイントを RCI で見ると下限に到達しており、さらに MACD を確認すると、過去の安値 **A** に対して安値 **B** はヒドゥンダイバージェンスが成立しつつあるのが確認できます。これだけの条件が揃えば積極的に買いを狙えると判断できるでしょう。

　下のチャートの場合は逆に、下降トレンド中に調整で上がった高値 **B** はグランビルの法則では「売③」（56 ページ参照）パターンと捉えられます。そのポイントを RCI で見ると上限に到達しており、さらに MACD を確認すると、過去の高値 **A** に対して高値 **B** ではヒドゥンダイバージェンスが成立してきているのが確認できます。ここでは積極的に売りを狙えると判断できます。

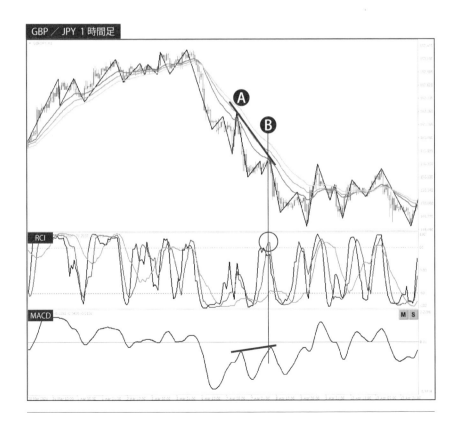

第 7 章のまとめ

チャートパターンで
エントリーのきっかけを探り
RCI でタイミングをつかみ
MACD で精度を確認して
エントリーの判断をする

第8章

【トレード実践編②】
スキャルピング

「いのちをだいじに」と
「ガンガンいくよ」で
安定して稼ぐ

①スキャルピングで稼げない理由

　スキャルピングはトレードスタイルの中でも人気のある手法ですが、実際に利益を出し続けている方は少ないというのが私の実感です。コツコツ利益が出ても、どこかでドカンと負けてしまったり、連敗して感情的になってしまいどんどん資金を減らしてしまったりという話をよく耳にします。

　そうなってしまう理由として「1つの時間足しか見ていない」、「チャートを拡大しすぎている」の2点が考えられます。下のチャートでは左右で同じGBP／USDの1分足を見ているのですが、左は拡大していて右は縮小して見ています。拡大しているチャートでは大きな流れや、過去の意

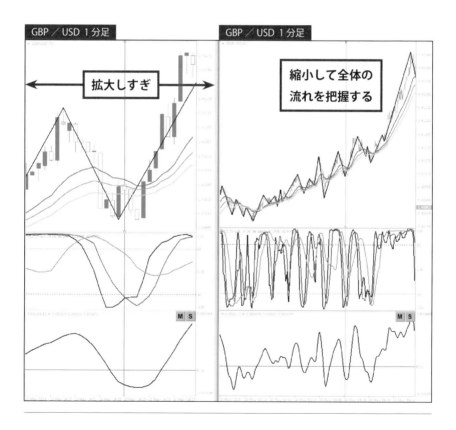

識されやすそうなポイントなどを把握することができません。これを縮小することによって、大きな流れや注意すべき過去の高値安値ラインを把握しながらトレードすることができるようになります。まずは**チャートを「縮小して大きな流れも見る」**ようにすることをおすすめします。

　次に下のチャートをご覧ください。GBP ／ USD の 1 時間足（右）と 5 分足（左）です。左の 5 分足だけを見ていても見えてこないトレンドが上位足の 1 時間足では確認できます。

　この**大きなトレンドを把握しておけばスキャルピングでも今がトレンド転換に近いところで慎重に構えるのか、トレンドのまっただ中にあって、ガンガン攻める時なのかを把握することができる**のです。

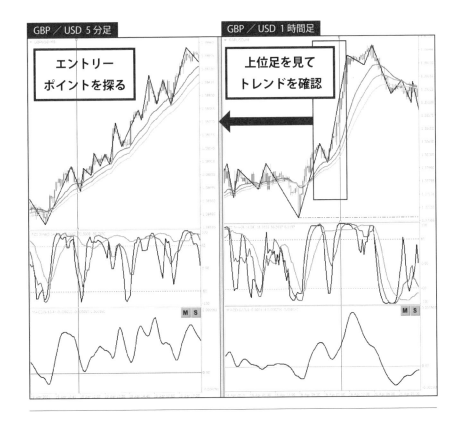

②上位足のトレンドに下位足で乗る

　スキャルピングでも上位足の状況を把握することは非常に大事であることはすでにお伝えした通りです。では実際にどのように把握しながらエントリーを狙っていくのかを別の例で見ていきましょう。

　下の図のようにまず1分足か5分足のチャートとその上位足にあたる1時間足か4時間足のチャートを表示させます。次に上位足を見てトレンドが形成されているかどうか、また今後そのトレンドがどの辺りまで続くのか、場合によってはさらに上位足の日足なども見ながら検証します。そして、今がそのトレンドの始まりから中盤の間なら迷わずエントリーし、中盤以降と判断したら、潔くエントリーは見送ります。

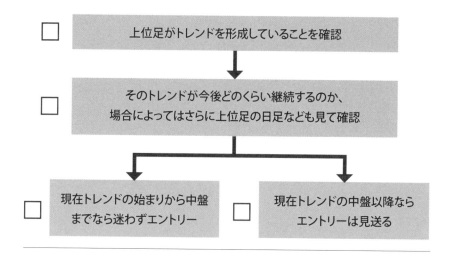

上位足のトレンドを活かしたスキャルピングの鉄則

基本設定
下位足は1分足か5分足のチャートを表示させる
上位足は1時間足か4時間足のチャートを表示させる

☐ 上位足がトレンドを形成していることを確認

☐ そのトレンドが今後どのくらい継続するのか、
場合によってはさらに上位足の日足なども見て確認

☐ 現在トレンドの始まりから中盤
までなら迷わずエントリー

☐ 現在トレンドの中盤以降なら
エントリーは見送る

ではこれを実際のチャートで見てみましょう。GBP ／ USD の 5 分足と 4 時間足を表示させます。4 時間足では直近の高値を更新し、トレンドが明確であると判断し 5 分足で押し目買いを狙えると判断します。

　ここで、もちぽよ流では押し目以外にもより安全で確実なエントリーを目指して他の根拠も探ります。まず **A** の押し目では RCI が− 60 ラインを超えているので、これを 1 つの根拠としてエントリーすることができます。次に **B** の押し目では RCI が− 60 ラインを超えているのに加えて、MACD ではヒドゥンダイバージェンスが形成され、トレンド継続というもう 1 つの根拠により、さらに明確なエントリーのチャンスであることが分かります。このように**スキャルピングでも上位足のトレンドを見極め、下位足でより明確なエントリーポイントを探るようにします。**

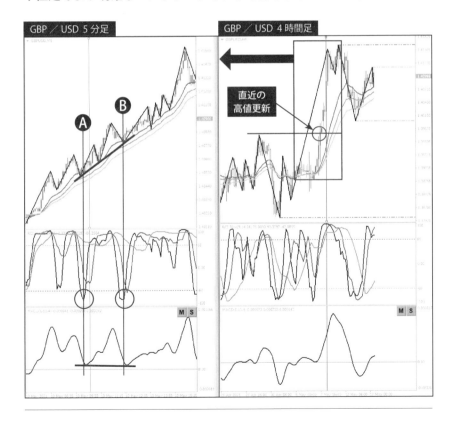

③上位足がレンジの場合、下位足で上限、下限を狙う

　次のスキャルピングの例では、上位足がレンジの場合、下位足でどのように戦略を立てるのか見てみましょう。基本的に上位足がレンジの場合は下位足は上昇、下降トレンドを繰り返しているか、上下に激しく動いていたりします。もちぽよ流ではRCIとMACDのパターンを当てはめてエントリーを狙います。下図のように、まずは上位足でレンジ相場であることを確認し、下位足がレンジの上限か下限に達するのを待ちます。次に下位足でRCIが±60ラインを超えるのを確認し、MACDでダイバージェンスが形成されているかどうかを確認します。これらの条件が揃った段階で下限ならロング、上限ならショートでエントリーします。

上位足のレンジを活かしたスキャルピングの鉄則

基本設定
下位足は1分足か5分足のチャートを表示させる
上位足は1時間足か4時間足のチャートを表示させる

☐ 上位足がレンジを形成していることを確認

↓

☐ 下位足がレンジの上限か下限に接近するのを確認

↓

☐ 下位足でRCIが ±60ラインを超えるのを確認

↓

☐ MACDがダイバージェンスを形成したことを確認

↓

☐ 下限ならロング、上限ならショートでエントリーする

ではこれを下の GBP ／ USD のチャートで見てみましょう。右側の 4 時間足、左側の 5 分足チャートを見てみます。まずは **A** のポイントですが、後から見ればレンジの上限に達していることが分かりますが、この時点では RCI が上限に達しているものの、EMA は上昇のサインを示していて、上限ではないと判断するのが正しいでしょう。次の **B** のポイントでは RCI が上限に達し、EMA も反転しつつあります。そして MACD ではダイバージェンスが発生しています。ここでようやくレンジの上限から反転して下落に転じると判断し、ショートでエントリーすることになります。

　スキャルピングではエントリーチャンスが多いイメージもありますが、実際にはそうでもないと考え、じっくり待って、ベストなエントリータイミングを待つことが成功への近道になります。

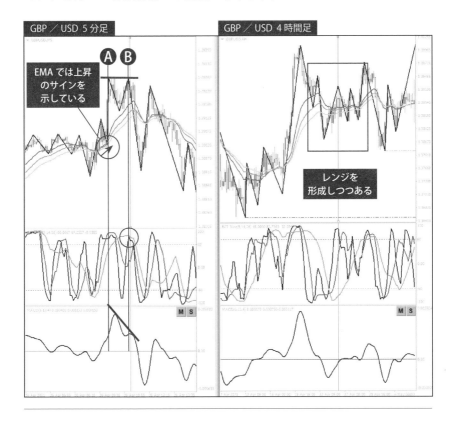

④損切りについて

　エントリーがうまくできるようになってきたとしても百発百中予想通りに利益確定してトレードが終わるなどということはありません。イレギュラーな動きをしたり、見落としがあったり、要人発言で相場に不安が走って急騰、急落などもあるので、**相場の世界は一寸先は闇**ということを肝に銘じておきましょう。そのためにも大事なのが損切りです。

　実はスキャルピングでも、デイトレでもスイングでも絶対に正しい損切りの基準があるというわけではないというのが私の考え方です。その時の状況によって臨機応変に対応することが必要な場合もあるのです。

　ここでは、主にトレンドの予想が外れてしまった場合、どんな基準で損切りするのかについて説明します。

　右ページの①はトレンド相場で押し目買い、戻り売りでエントリーし、予想通りに進まなかった場合です。押し目買いではレートがEMAを割り込んで下落した場合、トレンド転換と判断して損切りします。また戻り売りの場合はEMAを上抜いて上昇したところで損切りします。

　②は直近の高値安値の割り込みをトレンド転換の基準とした損切りルールです。左の押し目買いでは直近の安値を少し下回ったところで損切りします。なぜ少し下かと言えば、「ストップ狩り」を防ぐためです。直近の安値や高値は誰もが考える損切りポイントになり狙われやすいので、それよりも少し下にしておくのがコツです。右の戻り売りも同じ考え方で、直近高値の少し上が損切りポイントになります。

　③は逆張りの場合です。ダブルトップで反転を狙って売で仕掛けることはありますが、さらに上昇することもあります。そんな時、ダブルトップの上値からネックラインまでの半値上昇したところを損切りラインとします。逆にダブルボトムの場合はボトムからネックラインまでの半値下落したところを損切りラインとします。

　もう一度繰り返しますが、**損切りに絶対正しい基準はありません。過去の検証を重ねて、より精度の高い損切りの感覚をつかむようにしましょう。**

3つの損切り基準

①EMAを使った損切り基準

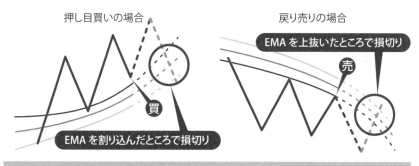

押し目買いの場合

戻り売りの場合

EMAを上抜いたところで損切り

売

買

EMAを割り込んだところで損切り

②直近の高値、安値を目安にした損切り基準

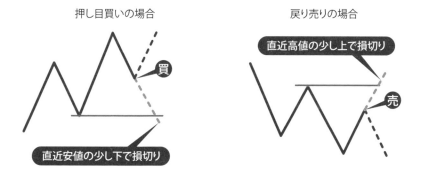

押し目買いの場合

戻り売りの場合

買

直近高値の少し上で損切り

売

直近安値の少し下で損切り

③逆張りで損切りする場合の一例

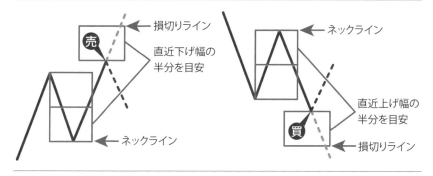

損切りライン

売

直近下げ幅の
半分を目安

ネックライン

ネックライン

直近上げ幅の
半分を目安

買

損切りライン

第8章のまとめ

長い時間足の相場状況を見て
トレンドを把握する。
次に下位足でエントリーに相応しい
根拠があればエントリーし、
同時に損切りルールも
明確にしておくこと

第 **9** 章

【トレード実践編③】
デイトレ〜スイング

手堅く稼ぎながら
「勝ちパターン」を収集する方法

①大きな値幅を狙うコツは1時間足以上のMACD

スキャルピングよりも大きな利益を狙いたい……。つまり、値幅をなるべく大きく取りたいという場合、1分足や5分足をメインにトレードしていても一度に大きなpips数（利益）を狙うのは難しいでしょう。時間足で言えば1時間足以上をメインにトレードする必要があるでしょう。

私は現在デイトレード〜スイングの比率が高いので、見ている時間足は1時間足〜週足になります。エントリーする際に何を重視しているかと言えば、まずはMACDになります。

右ページのチャートはGBP／USDの日足と4時間足です。4時間足チャートの高値**B**の後のポイントでショートエントリーした場面です。最初に**B**の高値でRCIが上限に到達していることを確認しました。次に直近の高値見ると、ほぼ同じですが、MACDは値を下げ、ダイバージェンスに近いカタチが成立しています。このMACDの明確な切り下げが判断を後押ししました。数時間〜数日ポジションを保有する前提で時間足の波（下落の値動き）を狙ったエントリーでした。

その後、一旦上昇する場面があり、レンジを予想させるような動きもあったので、一旦手仕舞いするプランを考えました。レートが直近の安値辺りに到達してきた時、4時間足でRCIは下限に到達したのでこれを根拠として利益確定するのが一番安全だろうと考えました。後から見れば、その後大きく値を下げる展開になっていますが、ここで深追いせず、着実に利益を確保するのがもちぽよ流なんです。大きな利益を狙ってリスクを冒すよりも20〜100pipsくらいの利益を手堅く稼ぐのが現実的です。

第6章の「マルチタイムフレーム分析」のところでも説明した通り、**エントリーや利確を判断する時のチャートやインジケーターの特徴は別の時間足になっても「ミニチュア版」になっただけです。すなわち、スキャルピングでトレードがうまくできていれば、デイトレでもスイングでも成功率は変わらないはずです。**私はデイトレでエントリーチャンスがない場合に限って、短い時間足でトレードチャンスを探すようにしています。

日足と4時間足で手堅く稼ぐ

4時間足で明確な下降トレンドが確認
できた場面で、戻り売りのエントリー
ができそうなのはBの1カ所

日足では上昇トレンドが一服してレン
ジかやや下げるような展開となってき
たので、逆張りでのエントリーチャン
スを4時間足で探ることにした

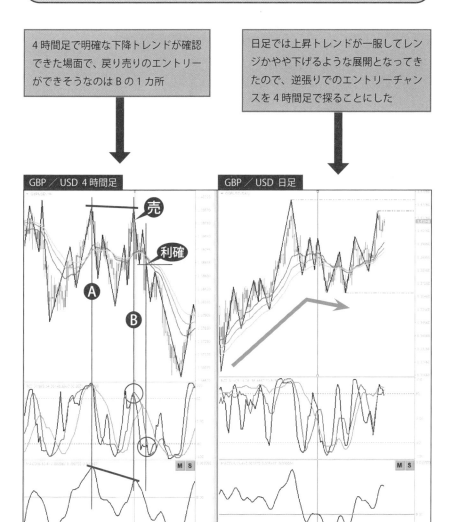

②オシレーターを複数の時間足で確認

MACD でもストキャスティクスや RCI でもそうですが、1 つの時間足だけを見てトレードすることの危険性はこれまで何回となくお伝えした通りです。仮に**1 分足でオシレーターのサイン通りに、うまくエントリーできたとしても、上位足の大きなトレンド転換でドカンとやられることもあります。**

第 6 章の「マルチタイムフレーム分析」でも書いたように、**時間足ごとにトレンドがあるので、それらをすべて把握しておく必要があります。**

デイトレ〜スイングトレードの場合、1 時間足、4 時間足、8 時間足、日足、週足の MACD と RCI の動きを常に見ています（右ページ）。

その中で 4 時間足や 8 時間足または日足の RCI が上限に来ていて、かつチャートが高値更新時に MACD のダイバージェンスを形成してきている場合には「逆張りで売り」を考えます。また 4 〜 8 時間足が上昇トレ

デイトレ〜スイングトレードの鉄則

基本設定 | 1 時間足、4 時間足、8 時間足、日足、週足を表示
これらのチャートに MACD と RCI を表示させる

□ 4 時間足、8 時間足、日足で RCI が上限に到達	□ 4〜8 時間足が上昇トレンド 1 時間足の RCI が下限に到達
↓	↓
□ MACD がダイバージェンスを形成	□ MACD がヒドゥンダイバージェンスを形成
↓	↓
□ 逆張りでショートエントリー	□ 押し目買いでエントリー

ンド中で1時間足のRCIがド限にきてMACDがヒドゥンダイバージェンスを形成していれば「押し目買い」を、デイトレードからスイングとしてエントリーするのが基本的な戦略です。

　この手法をマネするにしても、今後まったく同じ相場が現れることはないでしょう。ですから、今後トレードしてうまくいった場合も失敗した場合もその時の相場状況を記録に残して検証を重ねるようにしましょう。

スマホでも複数の時間足を同時に表示させる

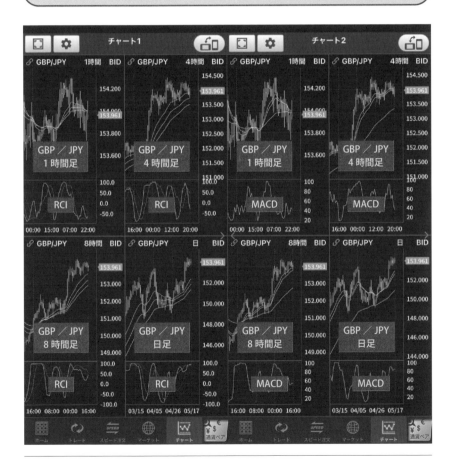

③スイングは週足→日足をチェックして時間足で狙ってみる

　スイングでエントリーする場合、まずは週足のトレンドを確認して RCI の位置を確認します。ただ、これは大まかな確認だけで、エントリーできるかどうかの判断は日足よりも短い時間足を見てからです。

　日足ではトレンドの状況、RCI と MACD の状態、意識されていそうな価格帯が過去チャートにあるかどうかを確認してエントリーを狙います。

　下の図では**最初に週足でトレンドを確認し、RCI を見て今週〜来週の相場をざっくり把握**しておきます。**次は日足に落とし込んで、EMA に対して値動きがどうなっているか、RCI や MACD では買いか売りのパターンは当てはまるかを確認**します。この時点でエントリーを狙うこともありますが、下手をすると大きな含み損を抱えてしまう可能性もあるので、**最終的に時間足を確認します。時間足では、値動きを引き付けて買いか売りのパターンの成立を待ちます。**例えば、ダブルボトムが形成されてきた時にRCI が下限にちかづいていて、MACD のダイバージェンスも成立してきているかなど、いくつかエントリーを狙うパターンがあるので、その成立を

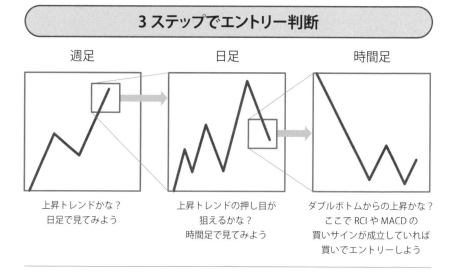

上昇トレンドかな？
日足で見てみよう

上昇トレンドの押し目が
狙えるかな？
時間足で見てみよう

ダブルボトムからの上昇かな？
ここで RCI や MACD の
買いサインが成立していれば
買いでエントリーしよう

待ちます。

　ちなみにこういったパターンは 36、47 ページで説明したように、**「勝ちやすいパターン集」**としてすべて記録を取っているので、キャプチャーしたチャートを見返してエントリー判断の参考にします。

　下図は私が、その日のはじめにスマホのチャートで週足〜 1 時間足の状況を確認しているところです。GMOFXneo のアプリでは 4 画面に時間足とオシレーターを表示できるので、週足〜時間足の状況を簡単に確認することができ、とてもおすすめです。

第 9 章のまとめ

デイトレでもスイングトレードでも
上位足で相場を確認し
下位足で RCI、MACD のサインを探る。
十分な根拠が揃えばエントリーする。
時間足が変わっても
基本の手法は変わらない

第 **10** 章

【トレード実践編④】
エントリーから決済まで

不測の事態に対応して、
勝率を〝爆上げ〟する

① 【GBP／JPY】5分足でスキャルピングのロング

　ここからは様々な時間足でエントリーから決済までの流れを見ていきます。1時間足は短期的に上昇トレンドが継続し、5分足もEMAを見ると上昇トレンドを示しています。その中でRCIの短期線、中期線が下限に到達し、直近の安値**A**とRCIが下限に到達した安値**B**のポイントをMACDで見ると、ヒドゥンダイバージェンスが成立してきたので、ロングでエントリー。

　決済は5分足の短期RCIが上限に到達してきた辺りで行いました。この決済に関して、**上位足もRCIがさらに上昇しそうであれば、スキャルピング→デイトレに移行して利益を伸ばすこともあります**が、この場面では1時間足のRCIが上限に到達していたので5分足のRCIで決済しました。

スキャルピングでエントリーから利益確定まで（具体例）

基本設定

下位足は5分足チャートを表示させる
上位足は1時間足チャートを表示させる

☐ 1時間足も5分足もEMAで上昇トレンドが確認でき、
5分足の短期、中期のRCIが下限に到達

↓

☐ 直近安値Aとその後の安値BがMACDでヒドゥンダイバージェンスを
形成したのを確認し、ロングでエントリー

↓

☐ 5分足で短期RCIが上限に到達したのを確認して利益確定

↓

☐ もし1時間足もRCIがさらに上昇しそうなら、利益確定を先延ばしする

1時間足と5分足でエントリーポイントを探る

1時間足でトレンドの上昇を確認し5分足のEMAでもトレンドの上昇を確認。さらにRCI、MACDのヒドゥンダイバージェンスが確認できた時点でエントリー

まずは1時間足でトレンドを確認

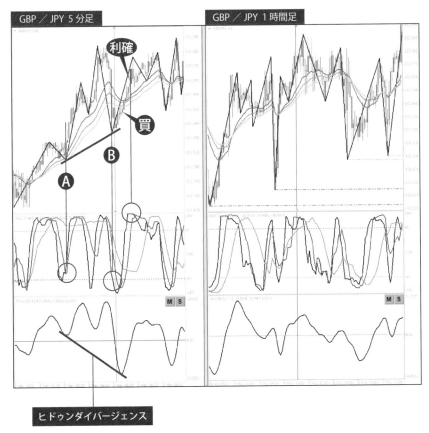

ヒドゥンダイバージェンス

② 【GBP／USD】5分足でスキャルピングのショート

右ページの1時間足チャートを見ると、直近高値 **D** から切り下げていますが、MACD は **D** から **E** へわずかながら上昇を示しており、ヒドゥンダイバージェンスを形成していることを確認。RCI も短期線、中期線、長期線の3本が揃って上限から落ちている途中です。

下位足の5分足を見ると下降トレンドになっていることを確認。5分足の直近高値 **A**・**B** から **C** のポイントで上値を切り下げています。**C** のポイントでは RCI の短期・中期線が上限に到達しており、MACD も直近高値に到達してきているので、絶好の戻り売りポイントと判断してショートでエントリー。

決済は5分足 RCI が下限に到達したことを確認した上で利益確定。

スキャルピングでエントリーから利益確定まで（具体例）

基本設定　下位足は5分足チャートを表示させる
上位足は1時間足チャートを表示させる

☐ 1時間足が高値を切り下げていることを確認。
MACD がヒドゥンダイバージェンスを形成

↓

☐ 5分足では高値を切り下げ、下降トレンドを形成し、
MACD もヒドゥンダイバージェンスを形成していることを確認

↓

☐ RCI の短期・中期線が上限に到達しているところで売エントリー

↓

☐ RCI が下限に到達したところで利益確定

1時間足と5分足でエントリーポイントを探る

1時間足でエントリーの根拠を探り出したら、次に下位足にあたる5分足を見てより有利なエントリーポイントを探る。RCIの上限、下限をチェックし、次にMACDを確認する

まずは1時間足でトレンドを確認しその他にMACD、RCIでエントリーの根拠を探る

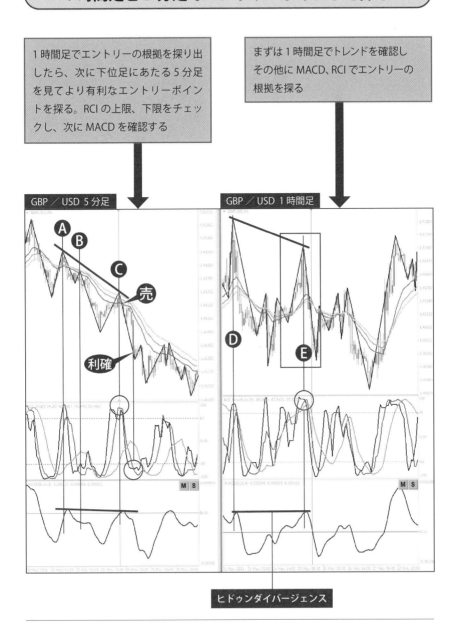

ヒドゥンダイバージェンス

③【GBP／JPY】4時間足と1時間足を見てデイトレでショート

　右ページのチャートをご覧ください。まず4時間足の高値**C**とRCIの短期〜長期線が上限に達してきている高値**D**をMACDで見ると、ヒドゥンダイバージェンスが成立しています。

　この時点で4時間足だけを見てショートを狙えるカタチなのですが、細かく1時間足に落とし込んで見てみます。すると、直近高値**A**と短期〜長期RCIが上限に到達してきている**B**のポイントをMACDで見るとダイバージェンスが成立しつつあります。

　4時間足でも1時間足でもショートエントリーできる絶好のタイミングで、私が得意とするパターンになります。

　決済に関しては4時間足のRCI下限まで延ばすことも考えられますが、

デイトレでエントリーから利益確定まで（具体例）

基本設定

下位足は1時間足チャートを表示させる
上位足は4時間足チャートを表示させる

☐ 4時間足で高値と高値を結び、後の高値のRCIが上限に達していることを確認

↓

☐ 2カ所の高値ポイントでMACDがヒドゥンダイバージェンスを
形成していることを確認

↓

☐ 1時間足で現在の高値のRCIが上限に達していることを確認。直近高値と
MACDがダイバージェンスを形成していることを確認し、売でエントリー

↓

☐ 1時間足でRCIが下限に達し、
EMAの中期線にも達したことを確認したので利益確定

とりあえず 1 時間足の EMA まで落ちてきて RCI も下限に到達してきていたので反発することも考えて決済しました。

　必ずしも頭からしっぽまで取る必要はなく、あくまで「プラスで終われればいいや」という気持ちでポジションを持ち、決済までこぎ着けることが大事です。

4 時間足と 1 時間足

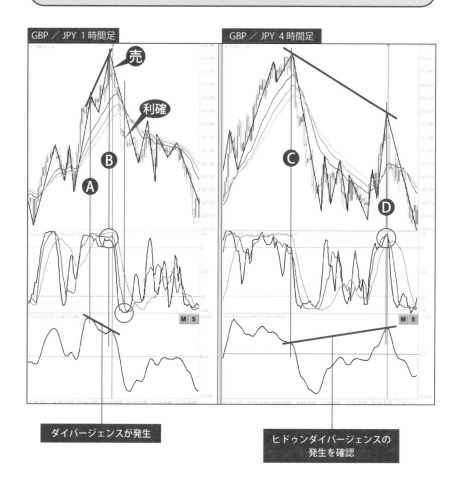

ダイバージェンスが発生

ヒドゥンダイバージェンスの
発生を確認

④ 【GBP／JPY】4時間足と1時間足を見てデイトレでロング

　次は少し難易度の高い状況ですが、4時間足は強い下降トレンドから大きな上昇後にEMAでトレンド転換が確認でき、調整で下落してきています。4時間足単体ではエントリーを狙うのは難しいのですが、1時間足に落とし込んで見ると、きれいな上昇トレンド中に調整で大きく売られ、EMAの長期線まで値を下げています。さらにRCIも短期〜中期線が下限に到達しており、それぞれ安値 **A** と安値 **C** のポイントをMACDで見ると、明確なヒドゥンダイバージェンスとは言えませんが、MACDが大きく落ちているのが確認できます。また、直近の安値 **B** と安値 **C** のポイントをMACDで見ると明確にヒドゥンダイバージェンスが成立してきているの

調整局面でエントリーから利益確定まで（具体例）

基本設定

下位足は1時間足チャートを表示させる
上位足は4時間足チャートを表示させる

☐　4時間足では上昇トレンドから一旦下落し、再び上昇していることを確認

☐　1時間足では上昇トレンド中に急激な下落でEMAの長期線まで割り込み、RCIも短期線、中期線が下限に到達したことを確認

☐　1時間足の直近安値でMACDがヒドゥンダイバージェンスを形成していることを確認し、押し目買いでエントリー

☐　1時間足で直近の高値を超えてきたことを確認。さらにRCIが＋60ラインを超えてきたことが確認できた時点で、利益確定させる

が確認できるので、押し目買いでエントリーしました。

　利益確定は直近の高値付近で1時間足のRCIが上限に到達してきたので決済しました。私の場合、**エントリーを狙う時間足を固定せず、4時間足にエントリーポイントがなければ1時間足や15分足を確認してみたり、逆に短期足で微妙な状況であれば日足などでエントリーパターンが成立してきているかを臨機応変に確認してエントリーを狙います。**

4時間足と1時間足

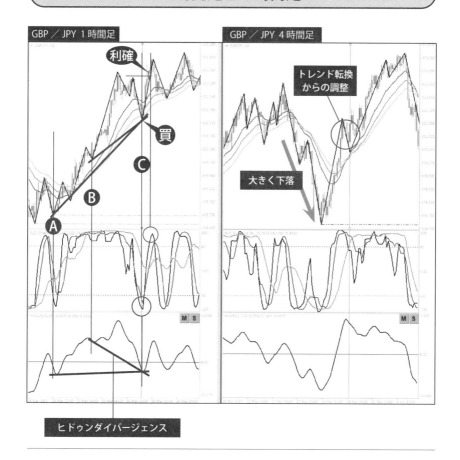

⑤ 【GBP／USD】日足と4時間足を見てスイングでロング

私がスイングでエントリーを狙う場合、まず日足を軸にして RCI を確認します。

　右ページの GBP ／ USD 日足の場合、短期 RCI が下限に到達している状況で安値 **C** と安値 **D** のポイントを MACD で確認しました。すると、ヒドゥンダイバージェンスではないものの、安値 **D** の時点で MACD が大きく下がっているのが確認できます。日足単体でエントリーを狙うのは微妙だと考え、次に 4 時間足を確認しました。すると **A** から **B** のレートへと安値を更新し、RCI の短期～長期線が下限に到達していました。その時点で MACD を見ると安値 **A** と **B** でダイバージェンスが成立しつつあるので、

日足を軸にエントリーから利益確定まで（具体例）

基本設定

下位足は 4 時間足チャートを表示させる
上位足は日足チャートを表示させる

□ 日足で短期RCIが下限に到達していることを確認。値動きでは直近の安値を結んだ線はほぼ水平だが、MACDは明確に値を下げていることを確認

□ 4 時間足が安値更新したことを確認。その時 RCI の短期～長期線が下限に到達したことを確認

□ 4 時間足で直近安値と MACD がダイバージェンスを形成していることを確認し、逆張りのロングでエントリー

□ 4 時間足の RCI の短期線が上限に達したので利益確定

逆張りのロングでエントリーしました。

　利益確定は4時間足のRCI短期線が上限に到達してきた辺りで実施、デイトレ気味のスイングといったトレードでした。

**　スイングの場合のlot数ですが、根拠が揃って自信があればデイトレの時と同じlotにすることもありますが、大体は通常の半分くらいでエントリーします。また、スイングで入ったつもりでも、状況次第ではデイトレとして早めに利益確定してしまうこともあります。**

日足と4時間足

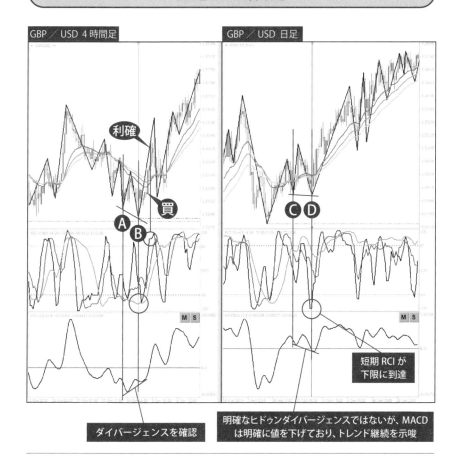

⑥ 【GBP／USD】日足と4時間足を見てスイングでショート

　右ページ GBP ／ USD 日足チャートでは、高値 **D** が直近の高値 **C** を上抜き、このポイントで RCI の短期、中期、長期線が上限に到達しているのを確認。また MACD を見ると高値 **C** と高値 **D** のポイントで、明確にダイバージェンスが成立しています。この時点で日足は下降トレンドに入ると判断できます。

　次に下位足でより具体的なエントリータイミングを計りたいので４時間足を確認します。すると、高値 **B** が直近の高値 **A** のポイントを上抜きました。日足でいうと高値 **D** のポイントで、MACD でダイバージェンスを

スイングでエントリーから利益確定まで（具体例）

基本設定	下位足は４時間足チャートを表示させる 上位足は日足チャートを表示させる

☐ 日足で波形などからトレンドを確認し、エントリーポイントを探る

↓

☐ 高値更新ポイントで RCI が上限にあることを確認。さらに MACD が　ダイバージェンスを形成していることを確認

↓

☐ ４時間足のトレンドを確認し、エントリーポイントを探る

↓

☐ 高値更新ポイントと RCI の３本の線が上限に達し、MACD がダイバージェンスを形成していることが確認できたので、ショートでエントリー

↓

☐ ４時間足の RCI が下限に到達したところで利益確定する

成立してきており、また RCI も短期、中期、長期線が上限に到達してきていました。これ以上の上昇の可能性はほとんどなく、絶好の売りポイントと判断し、ショートでエントリーしました。

　決済は 4 時間足の RCI が下限に到達してきた辺りであまり深追いせず、手堅く利益確定しておこうと判断しました。

日足と 4 時間足

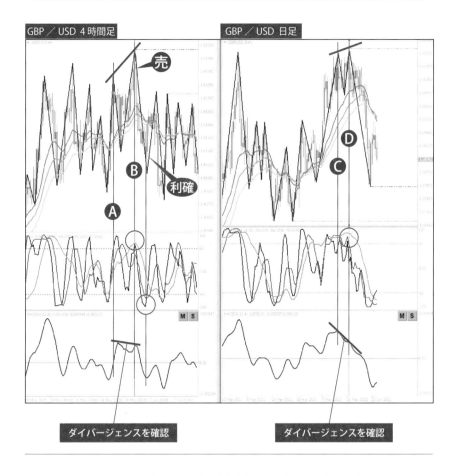

⑦【GBP／USD】週足と日足を見てスイングでショート

　週足は普段さらっと確認する程度なのですが、時々「大当たり」に出くわすこともあります。右ページ GBP ／ USD のケースでは週足〜日足共に大きな下落を示唆している状況です。まずは週足の高値 **D** に対して高値 **E** は上値を更新していません。この時 MACD は **E** のポイントで高値を更新し、ヒドゥンダイバージェンスを形成しています。一方 RCI は短期、中期、長期線とも上限に到達し、絶好のエントリーチャンスと判断できます。

　次に日足を確認すると、直近高値 **B** が **A** を、**C** が **B** を更新しましたが、MACD は高値を更新できず、明確なダイバージェンスを形成しています。RCI も短期、中期、長期線とも上限に到達しており、絶好の売エントリーのチャンスであることが分かります。

スイングでエントリーから利益確定まで（具体例）

基本設定

上位足は週足チャートを表示させる
下位足は日足チャートを表示させる

☐ 週足で高値同士を結んだ線と MACD がヒドゥンダイバージェンスを形成し、RCI の短期、中期、長期線が揃って上限に到達している

↓

☐ 次に下位足の日足を確認すると高値同士を結んだ線と MACD がダイバージェンスを形成しているのが確認できる

↓

☐ 続いて RCI を見ると短期、中期、長期線が揃って上限に到達していることが確認できたので売でエントリーする

↓

☐ 利益確定は日足で RCI が下限に到達した時点と同時にローソク足が下降から一転して上昇に転じ、EMA に到達したポイントとした

決済は日足で RCI の下限到達と下降から一転、ローソク足が上昇し、EMA に到達してきていたので、ゆるーく決済したカタチとなります。

日足や週足でエントリーする場合、自信があれば lot を大きく下げることはありません。しかし、分足などと比べれば当然利食い幅も損切り幅も広めになり pips 数も大きくなるため、lot 数は少なめにするほうが精神的な負担もなく、ポジションを保有できるでしょう。

週足と日足

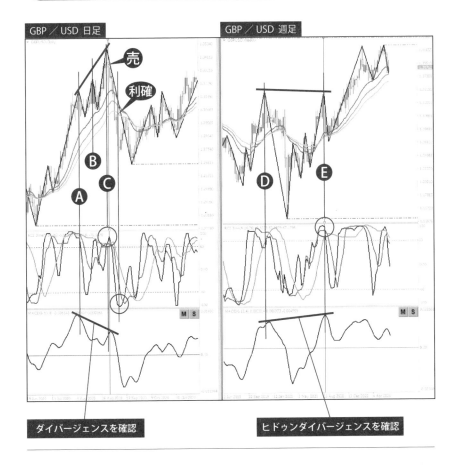

GBP ／ USD 日足　　GBP ／ USD 週足

売
利確

Ⓐ Ⓑ Ⓒ Ⓓ Ⓔ

ダイバージェンスを確認　　ヒドゥンダイバージェンスを確認

ポンド戦士もちぽよ開発の「2つのサインインジケーター」

　私はトレードだけでなく、サインツールやMT4用のインジケーターを開発しています。その中でも私がお気に入りのものを2つだけ紹介します。

　1つ目は下図のスキャルピング用のサインインジケーターです。

　これは1時間足の短期的なトレンド方向に沿って、1分足で押し目や戻しを拾っていくタイプのサインインジケーターです。もちろん勝率100%ではありませんが、売買サインが出やすいトレンド方向と勢い（状況）を把握でき、チャートに張り付くことなくアラートが鳴ったタイミングでチャートを見て、利益を取りやすいエントリー判断ができます。

　2つ目は、この書籍でも紹介している手法を元に開発したサインインジケーターです。最終的にはマルチタイムでチャートを見て判断もします

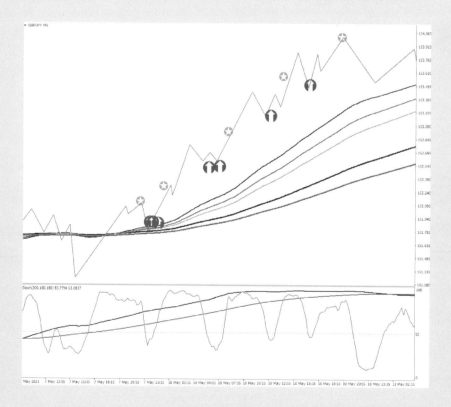

が、精度として過去に開発したものでは最高のものとなっているので、自分自身のメインのトレードにも組み込んでいます。その時の時間足ごとの状況が簡単に分かり、スキャルピングからスイングまで使えます。

　大きな特徴は、高値安値を更新した時のダイバージェンス・ヒドゥンダイバージェンスの成立も表示され、有効なサインかどうか、ほとんど迷うことなく判断できるようになっていることです。

　見方は下図の通り「long」が買いの目安サイン、「short」が売りの目安サイン、「exit」が決済の目安サインと、非常にシンプルです。

　毎日のトレードで、チャートに張り付かず、面倒な分析や判断を減らしてゆったり稼ぎたい、それでもベストなエントリータイミングを狙いたいというわがままな願いを実現したのがこのサインインジケーターです。

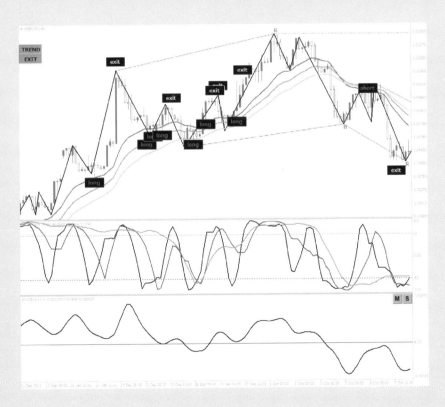

第10章のまとめ

スキャルピング、デイトレ、スイング
それらの基本戦略は皆同じ。
違うのは時間。どれが自分に合うのか……
デモトレードを通して実際に
体験してから選ぶ

第 **11** 章

検証と練習の重要性と
その具体的な方法

自分に最適なスタイルを見つけ、
シンプルに稼ぐ

①検証することのメリットは

　稼ぎ続けていくためには、誰かの手法をそのままマネするだけではなく、「マネをしながら自分自身のスタイルに合わせてカスタマイズしていくこと」が必要です。

　仮に手法はマネができたとしても、ライフスタイルや投資資金は違うでしょう。チャートを見て感じることも同じではないと思います。デモトレードをしながら、そうした細かいことが自分に合ってないと感じたら、1つずつ修正していくのです。

　もちろん、もちぽよ流でおすすめしている MTF 分析のように特にアレンジの必要のないものもありますので、新しい手法をゼロから全部作り上げなくてはいけないということではありません。

　そして、初心者と中級者ではスタート地点が違います。中級者の方ならトレードスタイルやツールをアレンジする必要はないでしょうから、いきなり過去チャートで新しい手法を検証するところからスタートできるでしょう。しかし初心者の方にはそれでは難しすぎます。ではどんなステップが必要なのでしょうか、右ページにまとめてみました。

　初心者の場合、まずは**自分の生活スタイルを崩さずにトレードするためにはどんなトレードスタイルが合っているか**考えることから始める必要があります。スキャルピングなのか、あるいはデイトレ、または中長期なのか？　そしてもちぽよ流ですすめる MACD や RCI 以外にどんなテクニカルチャートがあるのか調べるなどです。そしてトレードスタイルによってある程度決まってきますが、メインで使う時間足をどれにするか検証する必要があります。

　初心者の方も自分のトレードスタイルが整ってきたら過去のチャートを使った検証を進めましょう。MT4 を使えば、エントリーから利益確定まで、時間足や通貨ペアを変えても短時間で確認できます。

検証の進め方

初心者 ①トレードスタイルの検証

それぞれのトレードスタイルが、日常生活にどのくらい負担がかかるのかを確認する

	スキャルピング	デイトレード	スイングトレード
1日のトレード時間			
生活への負荷			

1日の中で何時から何時までトレードしたか？　1週間のうち何日トレードしたか？　1か月のトータルではどのくらいトレードしたのか？　そして生活への影響はどうだったのかをまとめて検証する

初心者 ②トレードツールの検証

トレードスタイルが決まったら、何を（通貨ペア）どうやって（テクニカルチャート）（メインの時間足）トレードするか、トレードツールを検証する

通貨ペア
テクニカルチャート
時間足

これらの組み合わせを色々と試してみる
扱いやすい通貨ペア、使い勝手のいいテクニカルチャート
メインにする時間足など、しっくりくるものを選ぶ

中級者 ③過去の相場で検証

新たな手法を試す場合、デモトレードで試す方法もあるが、過去のチャートを使えば短時間で様々なケースを効率よく検証できる

使用する時間足のバリエーション
インジケーターのバリエーション
トレードスタイル（エントリーから利確までのスパン）の検証

ここまで検証してから実際の相場でどれだけうまく運用できるかを確認します。デモの場合でも売買判断は本番同様に時間との勝負という難しさが伴います。迷いをなくして正しい判断が速やかにできるようになるためには慣れが必要です。それには本番よりもデモトレードで経験を積んでおくことを強くおすすめします。

②どのくらい検証をすれば良いのか

　私の開催してきたセミナーなどでよく、「どのくらい検証すればいいですか?」と質問をいただくことがあります。これはトレードスタイルによって大きく違ってきます。そこに関係してくるのは相場のサイクルです。

　第6章でも説明したように相場は「入れ子状態」になっているのですが、大きな「入れ物」になると60年という説まであります。相場の60年周期などとも呼ばれますが、仮に60年周期でトレードしていたら、おじいちゃんのポジションを孫が利益確定、みたいなことになってしまいますので、現実的ではありません。

　ではどのぐらい過去に遡って検証すれば良いのかというと、右ページ上図のようにGBP／JPYの相場を月足で見てみると2018年のように年間17.11円しか動かない年や2016年のように52.55円も動いた年もあります。週足を使うような中長期のトレードでは、過去にこのぐらいは動いたという相場の事実があることは知っておくべきでしょう。そうすることで、より精度の高い変動幅の予測ができるはずです。遡る年数としては10年ぐらいでしょうか。

　また2016年で最も大きく動いたのは6月の27.53円で、背景にはイギリスのEU離脱が決まるというでき事がありました。これは大きなニュースにもなりましたので、事前に「大きなポジションは持たない」などの準備はできました。そしてこのぐらいのインパクトのあるでき事に対して、相場がどのくらい動くのかということも貴重な資料になります。**私はトレードの材料としてファンダメンタルズは使いませんが、とばっちりを受けないように常に準備はしています。**

　一方、スキャルピングのような短期トレードでは3か月ぐらいで十分でしょう。むしろ1日の中で**東京時間やオセアニア時間、ロンドン時間、ニューヨーク時間というサイクル**がありますので、この時間帯の特徴的な値動きを意識して検証する必要があります（右ページ下図参照）。

　そしてスキャルピングからデイトレードで無視できないのがアメリカの

雇用統計などの定期的な指標発表です。また FOMC や FRB の発表なども相場を大きく動かす要因になることもあります。これも過去のチャートを遡れば検証可能です。しかし、5分足のような短い時間足では5日分ぐらいしか遡ることはできないので、指標発表時の値動きの特徴などは今後実際にその日が来たらチャートでチェックするようにしてください。方向感のつかめない激しい動きであることが分かると思います。もちろん、トレードには適さない状況がほとんどです。

　このように**検証する期間はトレードスタイルによって変わりますが、過去相場が大きく動いたところまで遡って、その動きが今後も再発することを念頭に置いておけば、その時になっても慌てずに済むでしょう。**

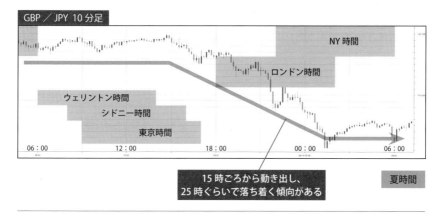

③実際のトレードはどのタイミングで始めるか

　FX初心者の方でも中級者の方でも、自分自身の手法が中途半端で完全に自分のものになっていない状態で本番のトレードをしている人が結構多くいますが、それはとても危険です。中途半端な手法というのは、何かあった時に応用がきかないという状態です。

　相場はセオリー通りに動くわけではありません。例えばMACDのダイバージェンスも**「微妙な角度」**で判断が難しかったり、トリプルトップもどう見ても**「形がいびつ」**で判断が難しかったりというようなことはよくあります。ですから、**まずはトレードの手法を完全に自分のツールとして使いこなせるようになっていることが本番でトレードする条件**です。その上で右ページのようなステップを踏んで、本番に臨みましょう。

　まずはデモトレードで3か月間の利益目標を立てます。なぜ3か月間かと言えば、144ページでも書いたように相場は月によって利益が出やすい月もあれば、利益が出にくい月もあります。ですから1か月で利益目標を立ててしまうと、利益の出にくい月などはつい焦ってしまい、損切りの判断を誤ったり、レバレッジが大きくなったりしてしまいます。

　次に3か月が経過した時点でこの利益目標が適正だったのか、または高すぎたのかを検証します。目標に達しなかった場合はその原因を検証し、それがエントリー、利益確定、損切りなどの判断ミスからきたものか、または相場状況が原因だったのかを精査します。

　絶対に避けなくてはいけないのは、本番のトレードで無理な目標設定を立ててしまうことです。すると当然のこととしてプレッシャーがかかり、レバレッジが限度を超えそうになったり、NY時間がクローズする明け方までトレードしてしまったりと、常軌を逸したトレードにはまってしまいます。そうならないためにも**無理なく稼げる目標が設定できるようになる**ことが、本番でトレードする上で最も重要なことになります。

　そして、万が一大きくやられてしまった時は、頭がスッキリするまで1週間でも場合によっては1か月でも相場から離れることが大事です。

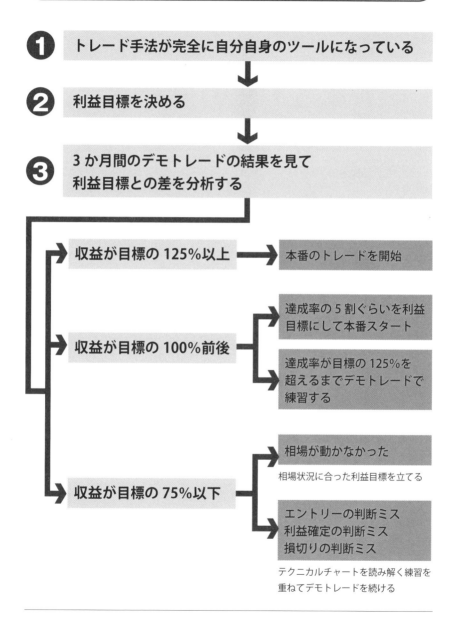

本番のトレードを始めるまでのステップ

① トレード手法が完全に自分自身のツールになっている

② 利益目標を決める

③ 3か月間のデモトレードの結果を見て
利益目標との差を分析する

収益が目標の125%以上 → 本番のトレードを開始

収益が目標の100%前後

→ 達成率の5割ぐらいを利益
目標にして本番スタート

→ 達成率が目標の125%を
超えるまでデモトレードで
練習する

収益が目標の75%以下

→ 相場が動かなかった
相場状況に合った利益目標を立てる

→ エントリーの判断ミス
利益確定の判断ミス
損切りの判断ミス
テクニカルチャートを読み解く練習を
重ねてデモトレードを続ける

第11章のまとめ

初心者だけでなく、中級者も
自分の力を客観的に分析し
何が足りないのか十分に理解し
その弱点を集中的に鍛える。
実戦デビューはそれからでも
決して遅くない

第 **12** 章

資金管理

損失を最小限にする
ポジション管理

①lot数はどのように調整しているか

資金に対してどのくらいのlot（本数）を張るべきなのか、悩む方も多いと思います。**私の場合証拠金維持率が150～200%程度に収まる範囲**でlotを張ります。レバレッジでは約16.6～12.5倍になります。

例えば最大で50万通貨（50本）を張れる資金（1通貨100円とした場合、約200万円）を入れているのであれば、33万～25万通貨の範囲でエントリーポイントや相場状況に合わせて調整します。

エントリーするための根拠が多かったり、自分にとって鉄板のエントリーパターンであれば30万通貨張るし、ちょっとお試しでいってみようという感じであれば10万通貨で入って様子を見てみる、という具合です。

中級以上であれば私と同じようなlot数で構わないと思いますが、初心者の場合そもそも最初に口座に入金する額が小さいと思われるので、大きなポジションは持てないでしょう。例えば30万円から始めるのであれば証拠金維持率400%なら1本、200%なら3本、そして7本で限界の100%、すなわちレバレッジ25倍になります（右ページ表参照）。ですから通常は1本でトレードし、よほど自信がある時は2本にするぐらいにしておくべきでしょう。そしてトレードに慣れてきて、利益が出てくれば有効証拠金（口座に入っている損益合計金額）が増えてくるので、その

lot数（本数）「もちぽよ流」はエントリーの状況次第

この後の展開次第では早めに損切りする
RCIの短期線が上限・下限近くで折り返している
MACDのサインはどちらともとれる

自信を持ってエントリーできる条件が揃った
RCIの3本が上限・下限できれいに折り返している
MACDのサインがきれいに出ている
節目を目指している etc.

分 lot を多く持てるようになると考えてみてはいかがでしょうか。

　これは初心者にかかわらず、とにかく**lot 数は、ポジションを持っている時に損益の増減があまり気にならない程度に収めること**。そしてよほど自信があるパターンやタイミングがくればいつもより少し lot を上げて勝負に出る、というのが私自身も実践していることです。

口座資金と投資資金の関係

証拠金維持率を安全圏に維持するためには、エントリー段階での保有 lot 数を確認することが大事

有効証拠金＝口座残高＋(含み益もしくは含み損)
必要証拠金＝取引レート (100 円) × 取引数量 × 4％
証拠金維持率 (%) ＝ (有効証拠金 ÷ 必要証拠金)×100
レバレッジ＝取引証拠金 ÷ 有効証拠金

※1 通貨＝100 円で計算

有効証拠金	÷	必要証拠金(取引金額×4%)	×	100	=	証拠金維持率	レバレッジ
証拠金維持率100%、レバレッジ25倍							
200万	÷	200万(50万通貨×4%)	×	100	=	100(%)	25(倍)
100万	÷	100万(25万通貨×4%)	×	100	=	100(%)	25(倍)
50万	÷	50万(12.5万通貨×4%)	×	100	=	100(%)	25(倍)
30万	÷	30万(7.5万通貨×4%)	×	100	=	100(%)	25(倍)
10万	÷	10万(2.5万通貨×4%)	×	100	=	100(%)	25(倍)
証拠金維持率200%、レバレッジ12.5倍							
200万	÷	100万(25万通貨×4%)	×	100	=	200(%)	12.5(倍)
100万	÷	50万(12.5万通貨×4%)	×	100	=	200(%)	12.5(倍)
50万	÷	25万(6.25万通貨×4%)	×	100	=	200(%)	12.5(倍)
30万	÷	15万(3.75万通貨×4%)	×	100	=	200(%)	12.5(倍)
10万	÷	5万(1.25万通貨×4%)	×	100	=	200(%)	12.5(倍)
証拠金維持率400%、レバレッジ6.25倍							
200万	÷	50万(12.5万通貨×4%)	×	100	=	400(%)	6.25(倍)
100万	÷	25万(6.25万通貨×4%)	×	100	=	400(%)	6.25(倍)
50万	÷	12.5万(3.125万通貨×4%)	×	100	=	400(%)	6.25(倍)
30万	÷	7.5万(1.875万通貨×4%)	×	100	=	400(%)	6.25(倍)
10万	÷	2.5万(0.625万通貨×4%)	×	100	=	400(%)	6.25(倍)

②lot数を上げるタイミング

　lotを上げるタイミングについてもよく質問をいただくのですが、これも自分の手法、エントリーパターンなどに、どれくらい自信が持てるようになっているかによるでしょう。

　その自信の元となるのがトレード技術です。そもそもFXトレードは上がるか下がるかを判断し、買うか売るかを決めるシンプルな投資です。それをどう判断するかが、腕が問われるところになります。これを客観的に評価するのは簡単ではありませんが、いくつかの基準が考えられます。右ページの表にまとめてみました。

　まず売買判断ですが、**①エントリーの判断、②利益確定の判断、③損切りの判断**の3つです。次にこれらの判断を下す根拠として3つの予想をします。**①上昇か下降か「トレンド方向の予想」、②トレンドはいつまで継続するのか「トレンド継続の予想」、③レートはどのくらい変動するのか「トレンド変動幅の予想」**の3つです。

　人によってはエントリーの判断は良かったのだけれど、利益確定すべきところを躊躇してチャンスを逃してしまったり、損切りが遅れて、損失を大きくしてしまったりなど、得意な部分と不得意な部分は違うはずです。

　この得意な部分はさらに伸ばし、不得意な部分を克服すればトレード技術は向上するはずです。まずは自分自身の得意なことと、不得意なことを知ることが大事です。右表の10段階評価で採点してみましょう。

　こうしてトレードの腕が磨かれてくれば、エントリーする時点で自信を持って攻められそうな相場か、あまりはっきりしない相場なのかが判断できるようになっているはずです。

　私の場合はこれまでにもお伝えしてきた通り、自信のある相場だけをじっくり待って、勝負に出ます。いけそうだな、でも危ないかなという微妙な相場状況であればエントリーを見送ります。それでも案外いけるかもしれないという捨てきれない気持ちがある時には、lot数を下げてエントリーするようにしています。

トレード技術の評価基準（判断力）

❶ エントリーの判断 （10段階評価）

1	2	3	4	5	6	7	8	9	10

❷ 利益確定の判断 （10段階評価）

1	2	3	4	5	6	7	8	9	10

❸ 損切りの判断 （10段階評価）

1	2	3	4	5	6	7	8	9	10

トレード技術の評価基準（予想力）

❶ トレンド方向の予想 （10段階評価）

1	2	3	4	5	6	7	8	9	10

❷ トレンド継続の予想 （10段階評価）

1	2	3	4	5	6	7	8	9	10

❸ トレンド変動幅の予想 （10段階評価）

1	2	3	4	5	6	7	8	9	10

③利益目標と損益についての考え方

　FXで、「いつまでに、いくら稼ぐ」という目標を立てることは悪いことではありません。しかし第11章の②でも説明した通り、相場の状況によっては、どんな天才トレーダーでも稼げないことがあります。それは相場が動かない時や、自分のトレードと相場が噛み合わない時です。従って**「いつまでに」**という目標は、達成できないと「焦り」の感情を生むことにもなりかねません。設定する場合でも「相場の動きに対して何パーセントの利益が出せたのか」などという評価基準もセットにするような工夫が必要でしょう。相場の停滞は長ければ1年近く続くこともあるかもしれないので、**「冷静な気持ちで待つことも、戦略の1つ」**と考えましょう。

　正しい損益の目安としては、狙ったトレンドの山から谷の値動きのうち何％ぐらい取れたかで評価する方法もあります。下の表を参考にトレード結果を記録すれば、相場の影響を受けない実力が確認できるでしょう。

　そしてもう1つ気をつける必要があるのが損切りについての考え方です。トレードをしていれば、損切りはあって当たり前のことです。しかし、そこには上手な損切りと下手な損切りがあることも確かです。そしてもっと大事なことは、損切りした後の対処方法です。

　うまい損切りとは、あらかじめ決めておいた予定のレートできっちり損

利益目標の設定

トレードスタイル	狙ったトレンドの 最大値幅	エントリーから 利益確定までの値幅
スキャルピング	pips	％
デイトレ	pips	％
スイング	pips	％

切りすることです。その後、もし逆に進んでしまったとしても、それは下手な損切りにはなりません。次回から損切りにあわないようにエントリーすればいいだけのことです。ここは感情に流されず淡々と処理します。

　下手な損切りは、「予定していた損切りラインからずれればずれるほど下手」ということになるでしょう。中でも最悪なのがズルズルとタイミングを遅らせ、強制決済にまで至ってしまうことです。さらに、その損失を取り戻そうとして、感情のままにトレードしてしまう。それで損を取り戻したという話はいまだかつて聞いたことがありません。

　また、大きな損切りでなく、小さな損切りも数を重ねると大きな損失になってしまうことがあります。それは**「相場を読む力」**の問題なので、トレード経験を重ねることで、トレード技術が向上し、損切りの回数も減ってくるはずです。それでも、損失が増え続けるようであれば、一旦リアルのトレードは中止して、デモで腕を磨き直すという方法もあります。

　とにかく**早く利益を出したいとか、早く損失を取り返したいというような気持ちがトレードにとっては一番良くありません。**

第12章のまとめ

心配になるようなポジションを抱えない。
自分自身のトレードの力量を知って、
無理せず、謙虚な姿勢でトレードに臨むこと。
誤った利益目標は害にしかならない。
損切りは淡々と行うこと

もちぽよがお世話になったトレーダーさん

　FX業界では、SNSやYouTubeが普及し、多くの著名なトレーダーが活躍しています。そんな中、私が今までに関わったり、飲み友達だったり、またはお世話になったりした方が大勢いらっしゃいます。紙幅の都合で全員ご紹介することができず大変心苦しい限りですが、その中からほんの数名ご紹介させていただきます。ただし、私が紹介したからといって、その方の情報が皆さんに最適かどうかは分かりません。情報の内容につきましては、皆さんご自身で判断し、今後のトレードに役立てていただければ幸いです。

トレーダーさん

【コウスケ】Twitter：@KOUSUKE_TRADER
「相場の含み損は自身の利益」という格言を持ち、短期か長期かは相場が決めることとしている。日々チャート分析や生配信をオンラインサロンで公開し続ける中、世界トレードコンテスト・ロビンスカップでは第2位を獲得しFXトレードのみならず株式投資でも成果を上げているようです。

【ユーちぇる社長】Twitter：@EURUSDsenmon
スイングを武器とする筋肉トレーダー。「トレードはメンタルよりもフィジカル！」がキャッチフレーズ。見た目とは裏腹に、初心者に分かりやすい解説でYouTubeとTwitterのフォロワーはのべ10万人以上。最近、全身脱毛に通っているらしい。

【カニトレーダー】Twitter：@keibakinma
真面目・健全・おふざけ一切なしというコンセプトでトレードの生配信をしている。YouTubeライブの配信で毎日トレードを公開しながら300万円を1300万円に増やす。2021年も毎日22：01から顔出し生解説中。「見ている人が勝てるようになる」、「健全なFXチャンネル」をテーマに配信中。

【ささっち】Twitter：@tradeacademia
元FX会社勤務のトレーダー。2007年からトレードで生活。−200万円の典型的な負けトレーダーからスタート→7年後にマイホーム購入。約1億円の運用で平均年利＋20％出していたとのこと。トレード大学ブログでは、初心者や中級者に向けたトレード情報、相場分析、トレードで勝ち続けるための情報を発信しています。YouTubeチャンネル登録5万人＆Twitterフォロワー3万人突破。著書：『鉄壁FX』（ぱる出版）

【いいだっち】Twitter：@iidatchi
元塾講師。10万円から始めたFXで成功し投資会社の社長に。ハイスペ男子として雑誌やTVにも多数出演。月刊誌『FX攻略.com』では連載を担当していました。温泉ソムリエの資格を持つFXトレーダーとして活躍中です。

もちぽよの「トレード環境紹介」

　一応、私の現在のトレード環境を紹介しておこうと思います。

　原稿を書いている今は引っ越しした直後なので、完成ではないのですが、ひとまず3画面モニターを設置しています（下図）。

　基本的にエントリーや決済はスマホで行うので、左のスタンドにスマホを設置しつつ、PCでは2画面にMT4チャートを出したり、コミュニティ(ディスコードというアプリ)を表示させたりしています。また、横向きのモニターは主にYouTubeを観たり、作業をするのに使用していて、時間がある時はBTC（ビットコイン）や為替以外のチャートを見たりしています。

　モニターはそれぞれ「iiyama」の大型で、縦向きにもできて使い勝手もいいので、おすすめしています。必ずしも縦向きが良いとか、3画面以上あるからトレードが有利になるというわけではありませんが、私の場合トレードしつつ作業もするためにはこのくらいあると楽です♪

　表示しているチャートに関しては、主にGBP／JPY、GBP／USD、EUR／GBP、USD／JPY、GOLD、などになります。自分で開発したサインツールを開いて通知を待ちつつ、あとは裁量でエントリーできるタイミングを待ったりしています。

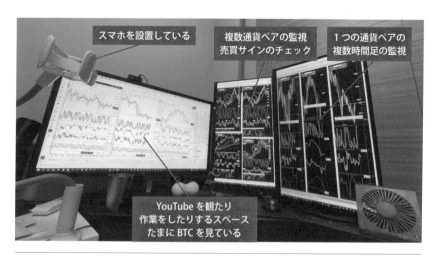

おわりに

　最後まで読んでいただき、ありがとうございます。

　読んだからといってすぐに稼げるようになるわけではありませんが、本書の内容が少しでもご自身のトレードにとってプラスになれば幸いです。

　トレードに限らず、スポーツでも仕事でも、情報を手に入れただけで結果が出ることはまずないでしょう。手に入れた情報を自分の中に落とし込み、実践レベルまで昇華させてこそ、利益や結果につながっていくものです。

　「楽に」「早く」「安定して」稼ぎたいと、そんな夢を見てFXを始められる方を今まで何千人も見てきました。しかし、どんな世界でも、他人よりも練習したり、情報を血肉にしたりすることのできる方だけが、結果を出せるようになるのだと思います。

　ちょっと本を読んだり、何かツールや教材を買ったからといって、簡単に稼ぎ続けるようになるのはよほどの天才でもない限り無理でしょう。ここはじっくり腰を据えて取り組んでいきましょう。そうすればいつかは人よりも稼ぐ力が付いてくるはずです。

　実はそういった方をサポートして、結果を出せるようにアドバイスをするのも私の仕事の一環です。本書をきっかけに、今後もお付き合いいただけたら嬉しく思います。

　最後の最後に少しだけ宣伝をさせてください。私は現在（2021年9月時点）「インベスターG」というトレーダーのコミュニティを運営していますが、その中で毎日のトレード実況や分析をアップしたり、エントリーの根拠やトレード方法の解説などをしています。もしご興味があったらチェックしてみてください。またツールなどの提供や販売も行っていますので、Twitter（【ポンド戦士もちぽよ】https://twitter.com/mochi_fxtrader）で情報をチェックしていただければと思います。

　皆さんのFXトレードのさらなる向上と、末永い繁栄をお祈りいたします。

2021年9月吉日

もちぽよ

◎ポンド戦士。トレーダー歴10年の実力派・兼業トレーダー。
◎神奈川県在住。19歳から5万円を元手にFXを始めるが、暇さえあれ
ばダラダラとトレードを繰り返し、何度も資金を溶かす典型的な「負け犬ト
レーダー」だった。一変したのは23歳の時、投資教育の学校を運営する
ベンチャー企業で働き始め、プロのトレーダーと交流をするようになってか
ら。チャートを1日最低5時間以上分析し、トレードの検証と猛練習を行
う日々を送る。
◎以降、EMAとRCIなどを軸としたシンプルトレードと独自のチャートパ
ターンを確立、安定的にFXで稼ぐ技術を手に入れる。相場によって、スキャ
ルピング・デイトレ・スイングを使いこなし、「最小限のトレード時間で、
1日平均10万～80万円を稼ぐ」変幻自在のオールマイティ型トレーダー。
価格変動の度合いが高く「上級者向け」とされる「ポンド取引」を得意
とする。
◎ラジオNIKKEI、FX攻略.com、グノシー、日経CNBC、みんなのFX、
FXプライムbyGMOなど、メディア出演や掲載多数。近年はTwitter、
YouTube、投資コミュニティ「インベスターG」を通じて、「ギャンブルに
ならないFX投資」をモットーに情報発信やトレーダー育成を行う。
◎柴犬と牛タンとラーメンをこよなく愛する。

鬼速FX　時給21万円の「神・短期トレード」

2021年9月16日　初版発行
2024年11月5日　5版発行

著者／もちぽよ

発行者／山下 直久

発行／株式会社KADOKAWA
〒102-8177　東京都千代田区富士見2-13-3
電話 0570-0021-301（ナビダイヤル）

印刷所／大日本印刷株式会社